Geschichte Geschehen

Sekundarstufe II

Themenhefte zum projektorientierten Lernen herausgegeben von Andreas Grießinger

Die bipolare Welt nach 1945 – ein Projekt
Unterrichtsmodell mit Materialien

Ernst Klett Schulbuchverlag
Leipzig Stuttgart Düsseldorf

Bildnachweis:
Bundesbildstelle, Berlin: S. 31, S. 37 unten, S. 57
Deutsches Zentrum für Luft- und Raumfahrt/Deutsches Fernerkundungszentrum, Abteilung Umwelt und Geoinformation, Dr. Rainer Ressel: S. 51
dpa, Frankfurt/Main: S. 42
Haus der Geschichte der Bundesrepublik Deutschland, Bonn: S. 22, S. 26, S. 37 oben; aus den Sammlungen des Hauses der Deutschen Geschichte, Bonn: S. 23, S. 28 u. li., S. 46
National Archives and Records Administration, Washington DC: S. 34
National Atomic Museum, Albuquerque, New Mexico: S. 20
Nik Ebert, Mönchengladbach: S. 52
ullstein bild, Berlin: S. 25, S. 29, S. 40, S. 54
US-Army, courtesy Harry S. Truman Library, Independence, Missouri: S. 19

Nicht in allen Fällen war es möglich, den oder die Rechte-Inhaber der Abbildungen ausfindig zu machen. Berechtigte Ansprüche werden selbstverständlich im Rahmen der üblichen Vereinbarungen abgegolten.

9 783124 100832

1. Auflage 1 5 4 3 2 1 | 2007 2006 2005 2004 2003

Alle Drucke dieser Auflage können im Unterricht nebeneinander benutzt werden, sie sind untereinander unverändert.
Die letzte Zahl bezeichnet das Jahr des Druckes.

Internetadresse: http://www.klett-verlag.de

Redaktion: form & inhalt verlagsservice Martin H. Bredol, Seeheim-Jugenheim

Satz: Type-Design, Fotosatz- und Layoutservice GmbH, 10243 Berlin
Einbandgestaltung: Krause Büro, Leipzig
Druck: Gutmann + Co. GmbH, 74388 Talheim

ISBN: 3-12-410083-2

Inhalt

Vorwort

Die „Themenhefte zum projektorientierten Lernen“ begleiten und ergänzen das Lehrbuch „Geschichte und Geschehen“ für die Sekundarstufe II. Warum ist eine solche Ergänzung notwendig?
In erster Linie deshalb, weil sich seit geraumer Zeit die Rahmenbedingungen für historisches Lernen verändert haben. Die unhintergehbare Leitfrage für einen offenen, schüleraktivierenden Geschichtsunterricht lautet: Unter welchen Voraussetzungen kann selbstständiges, selbstorganisiertes Lernen gelingen und welche Kompetenzen müssen vermittelt werden, damit es gelingt? Diese doppelte Frage wird in den Themenheften dadurch beantwortet, dass Lehrer und Schüler Anregungen erhalten, wie historische Inhalte aufgrund selbst formulierter Problem- und Fragestellungen eigenverantwortlich erarbeitet und wie die dazu nötigen Kompetenzen nachhaltig eingeübt werden können. Letztlich soll nämlich der Unterrichtsprozess dem übergeordneten Lernziel einer umfassenden Erweiterung von Handlungskompetenzen dienen, die sich in Fach-, Methoden-, Personal- und Sozialkompetenz aufschlüsseln lassen.
In dieser Perspektive wird der angestrebte Lernprozess vielgestaltiger und komplexer, weil er unter arrangierten Rahmenbedingungen sehr unterschiedliche Lernwege zulässt: Individualisierung sowie Binnendifferenzierung werden dabei im Lernprozess gleichermaßen bewusst gefördert. Schülerinnen und Schüler entscheiden also selbstständig über die zu wählenden Lernwege, die dazu notwendigen Sozialformen, ihr Lerntempo und den Zeitaufwand. Im Sinne einer offenen Interessenorientierung bestimmen sie also auf unterschiedlichen Ebenen selbst, was sie in welcher Intensität bearbeiten wollen. Damit korrespondiert notwendigerweise eine gewisse Offenheit der zu erzielenden Ergebnisse, die freilich auch klar umschriebener Grenzen bedarf.
Die historische Projektarbeit bietet für diese Zwecke ausgeprägte Handlungs- und Entscheidungsspielräume, weil Schülerinnen und Schüler mit ihr die Kompetenzen für selbstständiges Arbeiten besonders gründlich trainieren können. Ein bewusst weit gefasstes Thema muss in Einzelaspekte zergliedert und in praktikable Untersuchungsstrategien umgesetzt werden. Der Projektverlauf setzt schließlich ein besonders hohes Maß an Kooperationsbereitschaft im Team voraus, denn er muss ständig reflektiert und die Ergebnisse müssen immer wieder diskutiert und präsentiert werden.
Für die Organisation dieses komplexen Verfahrens stellen die Themenhefte zweierlei zur Verfügung: einerseits konkrete Anregungen zur unterrichtspraktischen Durchführung, andererseits einen hinreichenden Fundus vorarrangierter Materialien, mit denen das Projekt bestritten werden kann. Selbstverständlich kann bei Bedarf auch weiteres Material hinzugezogen werden, was aber nicht vorausgesetzt wird. Daraus folgt, dass sich die Hefte an Lehrerinnen und Lehrer genauso wie an Schülerinnen und Schüler richten. Erstere entscheiden, inwieweit sie mit ihrer Lerngruppe im Projektverlauf den vorgestellten unterrichtspraktischen Anregungen folgen und welche der abgedruckten Materialien sie verwenden, letztere können sich das Thema mit den Heften selbstständig erarbeiten, wenngleich der Lehrer im Projektprozess als Berater und Moderator unersetzlich bleiben wird. Sowohl für Lehrer als auch für Schüler werden deshalb die notwendigen Auswahlentscheidungen je nach verfolgter Fragestellung und je nach Projektverlauf von Fall zu Fall unterschiedlich ausfallen.
Schließlich sei daran erinnert, dass historische Projektarbeit stets problemorientiert und multiperspektivisch angelegt sein muss. Im vorliegenden Heft entfaltet sich die Auseinandersetzung mit der „bipolaren Welt nach 1945“ auf der Grundlage eines beständigen Perspektivenwechsels, der die gegensätzlichen Wahrnehmungsmuster der beiden ideologischen Lager und ihrer Führungsmächte USA und Sowjetunion verdeutlichen soll. Das Angebot, die unterschiedlichen Perspektiven wechselseitig einzunehmen und sich in Form von Gedankenexperimenten in sie hineinzuversetzen, soll die Schülerinnen und Schüler zum kritischen Hinterfragen beider Perspektiven anleiten sowie monokausale Betrachtungsweisen und Erklärungsansätze gar nicht erst aufkommen lassen. Vielmehr sollen vertraute Vorstellungen von historischen Strukturen und Prozessen immer wieder aufs Neue in Frage gestellt und gegebenenfalls korrigiert werden. Im Falle des Gelingens könnten so unterkomplexe Deutungen von geschichtlichen Zusammenhängen vermieden werden. Dazu will auch dieses „Themenheft zum projektorientierten Lernen“ wieder Hilfestellungen anbieten.
Abschließend noch eine Bemerkung: Wenn im Themenheft von „Lehrern“ und „Schülern“ die Rede ist, sind damit selbstverständlich immer Lehrerinnen und Lehrer sowie Schülerinnen und Schüler gemeint.

I. Ein Unterrichtsmodell: Anregungen zur praktischen Durchführung des Projekts

Historische Projektarbeit – was ist das?

Historische Projektarbeit ist eine Form offenen Lernens. Sie ist gekennzeichnet durch eine möglichst weitgehende Selbstorganisation der Lernenden, die damit zugleich einen erheblichen Teil der Verantwortung für ihren Lernprozess selbst übernehmen. Beginnend bei der Themenfindung bis hin zur Schlusspräsentation sollten sich deshalb im gesamten Prozess des gemeinsamen Arbeitens möglichst viele Entscheidungen an den Interessen der beteiligten Schülerinnen und Schüler orientieren. Der Lehrer übernimmt eher die Rolle eines Moderators und Lernberaters.
Organisatorisch vollzieht sich der Projektprozess nach dem Muster der Binnendifferenzierung, d. h. im Wechsel zwischen der Arbeit im Plenum und in den Teilgruppen. Phasenweise wird der Klassen- bzw. Kursverband also in kleinere Teams von 3 – 6 Schülern aufgelöst, die bei definierter Aufgabenstellung jeweils eigenständige Lösungen erarbeiten und diese wiederum in den Projektprozess einbringen. Am Ende der ca. 16 Unterrichtsstunden steht als Resultat ein gemeinsames „Produkt", das die Projektgruppe im Prozess selbstgesteuerten Lernens erarbeitet hat und einem Publikum in selbst gewählten Formen präsentiert. Im Fall des Gelingens geht die Projektarbeit einher mit einem erweiterten Problembewusstsein der Beteiligten am gewählten Thema und der Gegenwart, in der sie leben.
Neben dem fachspezifisch-kognitivenErkenntnisfortschritt, der im Projektprozess erzielt wird, eignen sich die Schüler auf ihrem Lernweg Kompetenzen an, denen im Zuge des gegenwärtig sich vollziehenden Übergangs zur Informations-, Kommunikations- und Wissensgesellschaft eine wachsende Bedeutung zukommt:

- Die Schüler erwerben ***methodische Kompetenzen,*** z. B. bei der selbstständigen Beschaffung, Auswahl, Aufbereitung und Präsentation von Informationen. Die historische Projektarbeit vermittelt ihnen darüber hinaus fachspezifische historische Methodenkompetenz, z. B. bei der Bibliotheks- und Archivrecherche, der Zeitzeugenbefragung, der Quellenkritik usw.
- Die Schüler erwerben ***soziale Kompetenzen,*** z. B. trainieren sie Teamfähigkeit beim Planen und Strukturieren des gemeinsamen Vorgehens, beim Vorbereiten, Moderieren und Fällen von Gruppenentscheidungen sowie insgesamt bei der Übernahme von Verantwortung im Gruppenprozess. Sie erkennen außerdem den hohen Stellenwert psychologischer Dimensionen im Gruppenprozess und lernen Möglichkeiten, aber auch Grenzen kennen, gruppeninterne Spannungen auf der Beziehungsebene auszugleichen und einer konstruktiven Lösung zuzuführen.
- Die Schüler erwerben ***personale und kommunikative Kompetenzen,*** weil sie sowohl im Falle des Konflikts als auch im Konsens lernen einander zuzuhören, aufeinander einzugehen, eigene Positionen zu vertreten und gegebenenfalls zu revidieren. Im Idealfall entwickeln sie dabei Selbstvertrauen und Einfühlungsvermögen gleichermaßen – und aus ihnen heraus Ich-Stärke.

Literatur zur historischen Projektarbeit:

Bastian, Johannes/Gudjons, Herbert (Hg.), Das Projektbuch II. Hamburg 1993.
Borries, Bodo von, Historische Projektarbeit im Vergleich der Methodenkonzepte. Empirische Befunde und normative Überlegungen, in: Schönemann, Bernd/Uffelmann, Uwe/Voit, Hartmut (Hg.), Geschichtsbewusstsein und Methoden historischen Lernens, Weinheim 1998, S. 276–306.
Dittmer, Lothar/Siegfried, Detlef (Hg.), Spurensucher. Ein Praxisbuch für historische Projektarbeit. Weinheim 1997.
Frey, Karl, Die Projektmethode. Weinheim 1996.
Hänsel, Dagmar (Hg.), Handbuch Projektunterricht. Weinheim 1997.
Liepach, Martin, „Auf den Spuren jüdischen Lebens" – Erfahrungen eines Geschichtsprojekts, in: Geschichte in Wissenschaft und Unterricht 47, 1996, S. 673–689.
Mayer, Ulrich, Projektunterricht – der Königsweg des zukünftigen Geschichtsunterrichts, in: Pandel, Hans-Jürgen/Schneider, Gerhard (Hg.), Wie weiter? Zur Zukunft des Geschichtsunterrichts, Schwalbach/Ts. 2001, S. 125–135.
Wolters, Angelika, Projekt- und fächerübergreifender Unterricht, in: Bovet, Gislinde/Huwendiek, Volker (Hg.), Leitfaden Schulpraxis. Pädagogik und Psychologie für den Lehrberuf. Berlin 1994, S. 157–196.

Internet-Adresse:

http://www.stiftung.koerber.de/wettbewerbe/geschichtswettbewerb/tipps/index.html
(Die Homepage des „Geschichtswettbewerbs des Bundespräsidenten" enthält viele nützliche Tipps zur Durchführung historischer Projektarbeit.)

Projektphase 1: Gegenwartsbezug des Themas herstellen

(Zeitvorschlag: 1 Unterrichtsstunde im Plenum)

Dass das „Epochenjahr" 1989/90 eine tiefe Zäsur in der internationalen und auch in der deutschen Geschichte darstellt, wird kaum jemand bestreiten. Viele stimmten 1994 dem britischen Historiker Eric J. Hobsbawm zu, als er in seinem Buch „Das Zeitalter der Extreme" die These vertrat, 1989/90 sei das „kurze 20. Jahrhundert" zu Ende gegangen, das 1917/18 – also ebenfalls mit einem „Doppeljahr" – begonnen habe. Vor allem aber endete 1989/90 der Ost-West-Konflikt, der die internationale Politik nach dem Ende des Zweiten Weltkriegs beherrscht und sich im Kalten Krieg mehrfach dramatisch zugespitzt hatte. Mit dem wirtschaftlichen und politischen Zu-

sammenbruch des Ostblocks endete dann nicht nur der Systemgegensatz zwischen den Supermächten USA und Sowjetunion – es zeigten sich auch die Konturen einer neuen Weltordnung, die aber auch am Beginn des 21. Jahrhunderts noch nicht zu einer festen Form gefunden hat. Unsere Welt ist seitdem keineswegs friedlicher und sicherer geworden, im Gegenteil: Mit den Konflikten auf dem Balkan erlebten die Europäer in den 90er Jahren nicht nur eine Renaissance des lange tot geglaubten Nationalismus, sondern auch die Rückkehr des Krieges auf ihren Kontinent. Dass auch in anderen Weltregionen der Frieden keineswegs sicherer geworden war, zeigten die Kriege in Afghanistan 2001/02 und im Irak 2003. Und die Terror-Anschläge am 11. September 2001 auf das World Trade Center in New York und das Pentagon in Washington wurden zum Symbol für eine völlig neuartige, bis dahin ungekannte Qualität der Bedrohung. Sie führten einer von maßlosem Schrecken gelähmten Weltöffentlichkeit die Verwundbarkeit und Hilflosigkeit der USA unerbittlich vor Augen: Eine kleine Gruppe rücksichtsloser, zu allem entschlossener Terroristen hatte die einzige verbliebene Weltmacht in ihrem Innersten getroffen.
Hat mit dem „Epochenjahr" 1989/90 also ein neues historisches Zeitalter begonnen? Wenn ja, welche Züge prägen es? Welche Merkmale wird die sich in unseren Tagen entwickelnde „neue Weltordnung" haben? Inwiefern wird sie sich von der untergegangenen bipolaren Ordnung des ideologischen Systemkonflikts unterscheiden? Und werden trotz aller Veränderungen vielleicht auch Kontinuitäten in der internationalen Politik weiter bestehen bleiben und fortwirken?
Wenn wir diese und andere Fragen seriös beantworten wollen, müssen wir uns zunächst wappnen gegenüber der naheliegenden Versuchung, aktuelle politische Ereignisse und Prozesse nur aus unserer eigenen Gegenwart heraus verstehen zu wollen. In einer solchen unhistorischen Perspektive entsteht schnell die Gefahr, Geschehnisse unkritisch als einmalig, völlig neu, umstürzend und vorher nie da gewesen misszuverstehen, während sie in ihrer Gewordenheit nur durch das Aufklären ihrer Vorgeschichte richtig verstanden werden können.
Was ergibt sich daraus für die historische Projektarbeit? Der Bezug des Themas zu aktuellen Problemen sollte durch eine empirische Bestandsaufnahme hergestellt werden, die möglichst sachlich, differenziert und ohne vorschnelle Wertungen dargeboten wird. Dazu gibt es viele Möglichkeiten, z. B.eine Recherche vor Ort unter Freunden, Mitschülern, Verwandten und Bekannten, die nicht gleich repräsentativ sein muss. Denkbar wäre eine Umfrage, deren Ergebnisse ausgezählt werden könnten. Mögliche Fragen können sein:

- Welche Ereignisse fallen Ihnen ein, wenn Sie an den „Kalten Krieg" denken?
- Welche Personen sind für Sie „Kalte Krieger"?
- Wie beurteilen Sie die Entwicklung in der internationalen Politik seit dem Ende des „Kalten Kriegs"?
- Wie bewerten Sie die Rolle der USA in der Weltpolitik seit dem Ende des „Kalten Kriegs"?
- Welche Hoffnungen, welche Befürchtungen haben Sie, wenn Sie heute an die internationale Politik denken?

Weitere Fragen ergeben sich von selbst. Die Umfrageergebnisse könnten durch Zeitzeugen-Interviews zu bestimmten Phasen des „Kalten Kriegs" ergänzt und mit ihnen verglichen werden: Was antworten Eltern, Großeltern, Lehrer usw. auf Fragen zu ihrer Kindheit und Jugend während des Ost-West-Konflikts? Wie war ihr Lebensgefühl zur Zeit des „Kalten Kriegs", verglichen mit dem von Schülerinnen und Schülern des 21. Jahrhunderts, die ihn nicht mehr bewusst miterlebt haben? (Praktische Hinweise zur Durchführung von Zeitzeugen-Interviews finden sich in „Geschichte und Geschehen 13", S. 94)
Auf den Seiten 12 ff. finden sich Materialien, die es ermöglichen, einen Gegenwartsbezug zum Thema „Kalter Krieg" herzustellen. Aktuelle Bezüge sollten auch bei der Präsentation, die am Ende des Projektprozesses steht, eine Rolle spielen. Die auf den Seiten 12 ff. abgedruckten Materialien müssen im Hinblick auf ihre Brauchbarkeit für diesen Zweck kritisch gesichtet und ausgewählt werden. Natürlich können auch selbstständig eigene Materialrecherchen durchgeführt werden, dazu helfen die folgenden Literaturhinweise.

Literatur:

Czempiel, Ernst-Otto, Kluge Macht. Außenpolitik für das 21. Jahrhundert. München 1999.
Czempiel, Ernst-Otto, Weltpolitik im Umbruch. Die Pax Americana, der Terrorismus und die Zukunft der internationalen Beziehungen. München 2002.
Kagan, Robert, Macht und Ohnmacht. Amerika gegen Europa in der neuen Weltordnung. Berlin 2003.
Nye, Joseph S., Das Paradox der amerikanischen Macht. Hamburg 2003.
Todd, Emmanuel, Weltmacht USA. Ein Nachruf. München, Zürich 2003.

Die auf den Seiten 12 ff. abgedruckten Materialien können mit den folgenden Arbeitsaufträgen ausgewertet werden. Natürlich sind auch andere Fragestellungen denkbar.

1. Arbeiten Sie aus den Materialien die Veränderungen heraus, die sich in der internationalen Politik seit dem Ende des Kalten Kriegs vollzogen haben.
2. Wie bewerten Sie diese Veränderungen?
3. Skizzieren Sie, ausgehend von den Materialien, eine Zukunftsprognose für die Weiterentwicklung der internationalen Politik in den kommenden Jahrzehnten.

Projektphase 2: Erkenntnisleitende Fragestellungen und Hypothesen finden

(Zeitvorschlag: 1 Unterrichtsstunde im Plenum)

Nach der Bestandsaufnahme zur internationalen Politik an der Wende vom 20. zum 21. Jahrhundert geht es nun darum, den Bogen von der Gegenwart zur Vergangenheit zu schlagen. Es ist zu klären, auf welchem historischen Hintergrund die aktuellen Entwicklungen sich vollziehen und wie sie auf der Folie dieser Vorgeschichte einzuordnen und zu bewerten sind. Um die Geschichte des Kalten Kriegs erhellen zu können, ist es von zentraler Bedeutung, dass genuin historische Fragestellungen formuliert werden, aus denen sich dann orientierende Hypothesen für die weitere Projektarbeit ergeben. Sie müssen dann im Verlauf des Projektprozesses entweder bestätigt (verifiziert) oder widerlegt (falsifiziert) werden. Eine Möglichkeit, zu solchen Fragestellungen und Hypothesen zu gelangen, ist die Beschäftigung mit Fachliteratur zur Geschichte des Ost-West-Konflikts. Dazu einige Hinweise auf Literatur und Internet-Adressen (weitere Hinweise am Ende des Hefts):

Literatur:

Isaacs, Jeremy/ Downing, Taylor, Der Kalte Krieg. Eine illustrierte Geschichte, 1945–1991. München 1999.
Junker, Detlev (Hrsg.), Die USA und Deutschland im Zeitalter des Kalten Krieges 1945–1990. Ein Handbuch, 2 Bände, Stuttgart 2001.
Simon, Gerd und Nadja, Verfall und Untergang des sowjetischen Imperiums. München 1993.
Stöver, Bernd, Der Kalte Krieg. München 2003.
Voslensky, Michael S., Das Geheime wird offenbar. Moskauer Archive erzählen, 1917–1991. München 1995.

Internet-Adressen:

www.hdg.de/lemo/
www.dhm.de

Einen raschen Weg, zu historischen Fragestellungen und Hypothesen zu gelangen, bieten die auf den Seiten 15 ff. abgedruckten Materialien an. Wer sich für diesen Weg entscheidet, kann die folgenden Arbeitsaufträge anhand der auf den Seiten 15 ff. abgedruckten Materialien erledigen:

1. Formulieren Sie, ausgehend von den abgedruckten Texten, Fragestellungen und Hypothesen, die als Grundlage für ein selbstständig zu bearbeitendes Kleingruppenprojekt dienen können!
2. Notieren Sie, an welchem Thema Sie dieses Kleingruppenprojekt durchführen wollen und welche Materialien Sie dazu brauchen!
3. Ergänzen Sie nun Erkenntnisinteressen, die Sie unabhängig von den abgedruckten Texten an das Thema herantragen möchten!

Projektphase 3: Erarbeitungsphase vorbereiten und Arbeitsgruppen bilden

(Zeitvorschlag: 1 Unterrichtsstunde, Moderationsmethode)

Nachdem sich in der vorangegangen Projektphase aus der Beschäftigung mit fachwissenschaftlicher Literatur mögliche Fragestellungen und Hypothesen ergeben haben, müssen nun grundlegende Planungsentscheidungen für die anstehende gemeinsame Erarbeitung des Themas getroffen werden. Planung und Erarbeitung sollen – so weit als möglich – selbstständig organisiert und durchgeführt werden.

Im Plenum sollten nun auf der Grundlage des in der zweiten Projektphase bearbeiteten Materials und der Ergebnisse der dort gestellten Arbeitsaufträge die Fragestellungen und Hypothesen ausgewählt werden, welche die weitere Projektarbeit leiten sollen. Ergebnis der Stunde müssen in Gruppen gegliederte Fragestellungen und Hypothesen sein, denen jeweils Oberbegriffe zugeordnet worden sind. Anschließend sollten sich Teams mit je 3 – 6 Schülern bilden, die arbeitsteilig für die verschiedenen Themenbereiche in der Erarbeitungsphase zuständig sind.

Für diese Auswahl erkenntnisleitender Fragestellungen und Hypothesen eignet sich die Moderationsmethode besonders gut. Ziel dieser Methode ist es, allen Schülern eine aktive Beteiligung zu ermöglichen, ihre Ideen zu nutzen und die Ergebnisse sofort sichtbar zu machen (zu „visualisieren"). Geleitet wird dieses Verfahren von einem Moderator, der nicht inhaltlich eingreift, sondern seine Aufgabe darin sieht, die Rahmenbedingungen für optimale Kommunikation und Kooperation sowie das Erreichen des gesteckten Ziels zu schaffen. Sinnvolle technische Hilfsmittel sind eine Pinnwand oder ein Flip-Chart, ca. 100 Kärtchen aus Karton, Filzstifte, Stecknadeln und Klebepunkte.

Der Moderationsprozess gliedert sich in die folgenden Phasen:

- Jede/r Schüler/in erhält 3 Kärtchen.
- Jede/r Schüler/in notiert zunächst individuell auf jeweils einem Kärtchen in Stichworten oder kurzen Hauptsätzen (gut lesbar!) je eine Fragestellung, eine Hypothese oder ein Erkenntnisinteresse, das er/sie aufgrund des Arbeitsauftrags in Projektphase 2 ausgewählt hat.
- Die beschriebenen Kärtchen werden vom Moderator eingesammelt, vorgelesen und zunächst ungeordnet an die Pinnwand geheftet.
- Nun werden im gemeinsamen Gespräch Kärtchen verwandten Inhalts zu Gruppen sortiert („Clustering") und mit einem geeigneten Oberbegriff versehen.
- Jede/r Schüler/in erhält nun 6 Klebepunkte, die er/sie auf diejenigen der zuvor gebildeten Themengruppen verteilt, von denen er/sie glaubt, dass sie im Projektprozess bearbeitet werden sollten. Das Kumulieren von Klebepunkten ist dabei ausdrücklich erlaubt.
- Nun werden Arbeitsgruppen gebildet, die sich an den am höchsten bepunkteten Themengruppen orientieren. Sie können, müssen sich aber nicht den Oberbegriff einer der Cluster-Gruppen als Thema wählen.
- Es ist wichtig, dass die so ausgewählten Fragestellungen, Hypothesen und Erkenntnisinteressen abschließend notiert und bis zum Beginn der anschließenden Projektphase 4 für alle vervielfältigt werden, damit sie für die dann folgende Erarbeitungsphase allen zur Verfügung stehen.

Projektphase 4: Die Arbeitsgruppen planen ihr Vorgehen
(Zeitvorschlag: 1 Unterrichtsstunde in Teamarbeit)

Nachdem nun die Arbeitsgruppen gebildet sind und sich auf eine erste, noch vorläufige Sammlung von Fragestellungen, Hypothesen und Erkenntnisinteressen geeinigt haben, ist nun das weitere Vorgehen innerhalb der einzelnen Teams vorzubereiten. Die aus der Moderationsphase hervorgegangenen Themenkärtchen bilden in jeder Gruppe die Grundlage für die nun anstehende Arbeits- und Zeitplanung. Dabei sind die zu beantwortenden Fragen auf den Kärtchen in eine logische Ordnung zu bringen, inhaltlich zu strukturieren und in einen ersten Gliederungsplan zu integrieren. In der Regel werden einzelne Fragen einen sehr zentralen Stellenwert erhalten, andere eher am Rand angesiedelt sein, wieder andere – zumindest vorläufig – ganz wegfallen. Auf die jeweiligen Prioritäten muss sich die Gruppe einigen, wobei es sehr wichtig ist, dass der Konsens von allen Teammitgliedern getragen wird, denn er ist die zwingende Voraussetzung für eine erfolgreiche Arbeit. Anschließend ist der methodische Zugriff auf das gewählte Thema von der Gruppe festzulegen. Dabei gibt es verschiedene Möglichkeiten:

- Die Gruppe kann von einer Hypothese ausgehen, die sie im Gang der Projektarbeit überprüfen möchte, z. B.: „Die USA trugen die alleinige Schuld am Ausbruch des Kalten Kriegs." Am Ende der Untersuchung wird die Hypothese also verifiziert, falsifiziert oder in ihrem Geltungsanspruch eingeschränkt sein. Die Überprüfungsabsicht bestimmt in diesem Fall das Vorgehen der Gruppe und strukturiert ihren Arbeits- und Zeitplan.
- Die Gruppe kann sich eine Fallstudie vornehmen, die nicht (wie im vorigen Beispiel) in generalisierender Perspektive erarbeitet wird, sondern mit dem Ziel, einen konkreten Fall (z. B."Protestbewegungen gegen die Pläne zur atomaren Bewaffnung der Bundeswehr in meinem Heimatort") möglichst detailliert, anschaulich und plastisch darzustellen. Historiker sprechen dabei von der Methode der „thick description", der „dichten Beschreibung". Diese Methode eignet sich besonders gut bei lokal- oder regionalgeschichtlichen Untersuchungen, allerdings ist zu überprüfen, inwieweit der untersuchte Einzelfall repräsentativ für die allgemeinen Zeitumstände und Entwicklungen des jeweiligen Zeitabschnitts ist.
- Die Gruppe kann eine vergleichend angelegte Querschnittsuntersuchung planen, z. B.: „Die Außenpolitik der USA und der Sowjetunion während der Kuba-Krise im Vergleich". Historiker sprechen in einem solchen Fall von einer „synchronen" Perspektive, in der Ähnlichkeiten und Unterschiede systematisierend voneinander abgegrenzt werden. Dabei ist zu beachten, dass der Untersuchungszeitraum für die zu vergleichenden Tatbestände identisch ist und dass dem Vergleich ein klares, hinreichend differenziertes Kriterienraster zugrundegelegt wird.
- Statt in synchroner kann die Gruppe ihre Untersuchung auch in diachroner Perspektive durchführen, d. h. sie kann einen historischen Längsschnitt erarbeiten, bei dem ein Thema in unterschiedlichen Zeitabschnitten auf Kontinuität und Wandel hin untersucht wird, z. B.: „Phasen der sowjetischen Rüstungspolitik in der Zeit des Kalten Kriegs".
- Die Gruppe kann ihre Untersuchung fächerverbindend anlegen, wenn für das Thema Erträge aus anderen Fachdisziplinen zu erwarten sind, z. B.: „Der Kalte Krieg als Thema in der Literatur der Bundesrepublik und der DDR". Dabei ist zu beachten, dass der interdisziplinäre Ansatz auf die historische Dimension insoweit bezogen bleibt, als die künstlerischen oder literarischen Formen auf der Folie der zeitgenössischen historischen Realität interpretiert werden.

Am Ende dieser Projektphase hat jede Arbeitsgruppe ein Thema und den methodischen Zugriff darauf für sich festgelegt. Außerdem hat sie sich auf einen Arbeits- und Zeitplan geeinigt.

Projektphase 5: Die Materialrecherche
(Zeitvorschlag: 2 Unterrichtsstunden in Teamarbeit)

Nachdem sich die einzelnen Arbeitsgruppen nun auf ihre leitenden Fragestellungen sowie ihr methodisches Vorgehen zumindest vorläufig geeinigt haben, beginnt für sie in dieser Projektphase die Materialrecherche, d. h. sie müssen die für ihre Fragestellungen und Methoden relevanten Informationen auswählen, strukturieren und präsentieren. Für die Recherche gibt es verschiedene Möglichkeiten:

- Zunächst können die Materialien benutzt werden, die „Geschichte und Geschehen 13" bietet (S. 50ff.). Dort finden sich Basisinformationen, Quellentexte und Bilder, die einen ersten Zugang eröffnen und zu weiteren Fragen anregen können.
- Anschließend können die in diesem Heft auf S. 19 ff. abgedruckten Materialien hinsichtlich der gewählten Fragestellung ausgewertet werden. Sie sind nur grob vorsortiert und enthalten sehr vielfältige Informationen zu den verschiedensten Aspekten des Themas, die aber zunächst selbstständig gefunden werden müssen. Dazu sind Aufmerksamkeit und Geduld nötig.
- Auch die verschiedenen Bibliotheken (Schulbibliotheken, Stadtbüchereien, Landes- und Universitätsbibliotheken) enthalten einschlägige Bücher, die in der Regel über systematische Suchmethoden erschlossen werden können. Die Bibliothekare helfen dabei.
- Archive verwahren Akten, Zeitungen und andere Originalquellen, die für die Arbeit nützlich sein können. Fündig wird man in Stadt-, Kreis-, Landes- und Staatsarchiven, aber auch in kleineren Firmen- oder Familienarchiven.
- Museen sammeln Materialien zur Lokal- und Regionalgeschichte sowie zur überregionalen und internationalen Geschichte, allerdings bieten sie natürlich vorwiegend gegenständliche Überreste aus der Vergangenheit. Textquellen finden sich dort weniger.
- Beim Thema „Kalter Krieg" können Zeitzeugenbefragungen nach der Methode der „oral history" wichtige

Ergebnisse zeitigen, die über andere Recherchetechniken nicht zugänglich sind. Dabei handelt es sich vor allem um Formen subjektiven Erlebens, um Einstellungen, Mentalitäten usw. (Praktische Hinweise zur Durchführung von Zeitzeugen-Interviews finden sich in „Geschichte und Geschehen 13, S. 94)

- Auch das Internet kann bei Anwendung sinnvoller Suchstrategien zu brauchbaren Ergebnissen führen. Hier einige Literatur-Tipps und Internet-Adressen in Auswahl:

Literatur:

Hildebrand, Jens, Die Internet-Recherche im (Geschichts-)Unterricht, in: Praxis Geschichte 14 (2001), H. 5, S. 13 – 15.

Für die gezielte Suche nach Material sind Quellensammlungen zum „Kalten Krieg“ zu empfehlen. Hier einige Literaturhinweise:

Angermann, Erich (Hg.), Die Vereinigten Staaten von Amerika als Weltmacht. Stuttgart 1987.

Atzerodt, Albin/Diemer, Gebhard/Franze, Manfred/von Schubert, Klaus, Die Sicherheitspolitik der Bundesrepublik Deutschland im Rahmen des Ost-West-Konflikts. München 1988. (Arbeitsmaterialien für den Sozialkundeunterricht in der Kollegstufe, Band 4)

Czempiel, Ernst O./Schweitzer, Carl-Christoph, Weltpolitik der USA nach 1945. Einführung und Dokumente. Bundeszentrale für politische Bildung, Schriftenreihe, Band 276, Bonn 1984. (Aktualisierte Neuausgabe 1989)

Fischer, Alexander, Sowjetische Außenpolitik seit 1945. Stuttgart 1985.

Krieger, Herbert (Hg.), Die Welt seit 1945, Teil 1 und 2. Materialien für den Geschichtsunterricht. Frankfurt/Main 1983 und 1987. (Handbuch des Geschichtsunterrichts, hrsg. v. W. Kleinknecht)

Krause, Helmut/Reif, Karlheinz, Die Welt seit 1945. München 1980. (= Geschichte in Quellen, Band VII, hrsg. v. Wolfgang Lautemann und Manfred Schlenke)

Schambeck, Herbert/Widder, Helmut/Bergmann, Marcus (Hg.), Dokumente zur Geschichte der Vereinigten Staaten von Amerika. Berlin 1993.

Internet-Adressen:

www.bundesarchiv.de
www.dhm.de
www.dokumentArchiv.de
www.hdg.de
www.historiker.de

Projektphase 6: Die Arbeit am Material

(Zeitvorschlag: 6 Unterrichtsstunden in Teamarbeit)

Nachdem die Materialrecherche innerhalb der Teams erledigt ist, beginnt die Arbeit an den ausgewählten Materialien mit dem Ziel der Erarbeitung einer Präsentation. Dabei müssen in jeder Gruppe zunächst organisatorische Grundfragen geklärt werden: Finden sich genügend gemeinsame Termine für die Teamsitzungen? Wer übernimmt welche Aufgaben (z. B.Kontrolle gemeinsamer Absprachen, Koordination, Planung, Zeitmanagement, Gruppenkalender usw.)? Welche „Typen“ sind in der Gruppe? Es ist nämlich wichtig, die Neigungen und Fähigkeiten der einzelnen Gruppenmitglieder zu berücksichtigen: Neben dem „Bücherwurm“, der sich gern mit Texten beschäftigt, gibt es vielleicht den „Kommunikator“, der lieber Zeitzeugen interviewt. Und neben der „Analytikerin“, die wegen ihrer Fähigkeit zum Abstrahieren und Systematisieren unersetzlich ist, steht vielleicht der „Computerfreak“, der beim Formatieren, bei der Erstellung von Grafiken und Tabellen sowie der Bildbearbeitung wertvolle Arbeit leistet. Allerdings sollten einseitige Spezialisierungen vermieden werden.

Grundsätzlich ist es außerdem nicht sinnvoll, dass die Arbeitsgruppen von der Recherche bis zur Schlusspräsentation kontinuierlich und isoliert arbeiten, ohne hin und wieder ein Feedback durch das Plenum zu erhalten. Zu empfehlen ist vielmehr, dass jedes Team vor der Schlusspräsentation mindestens zwei Zwischenpräsentationen erarbeitet, die jeweils kurz im Plenum vorgestellt, diskutiert und gegebenenfalls modifiziert werden. Wichtig ist dabei vor allem die Bereitschaft bei allen Beteiligten, Kritik einerseits sachgerecht, konstruktiv und fair zu formulieren, andererseits berechtigte Kritik auch anzunehmen sowie Mängel und Fehler auf der Grundlage dieser Kritik zu korrigieren.

Ein weiteres wichtiges Ziel dieser Feedback-Phasen vor der Schlusspräsentation ist es auch, von Zeit zu Zeit gemeinsam über die Modifikation und Weiterentwicklung der erkenntnisleitenden Fragestellungen zu befinden. Denn alle Gruppen arbeiten in einem „hermeneutischen Zirkel“, d. h. die festgelegten Fragestellungen verändern sich im Lichte des ausgewählten Materials und gegenläufig werden die Gruppen aufgrund der modifizierten Fragestellungen neues Material auswählen. Wegen dieser unumgänglichen und erwünschten ständigen Veränderungsprozesse muss in den Feedback-Phasen die Koordination der Teams im Hinblick auf das anzustrebende gemeinsame Schlussergebnis immer wieder neu hergestellt werden. Diesem Ziel dienen auch die regelmäßig anzufertigenden Individual- und Gruppenprotokolle (siehe Arbeitsauftrag unten), die den Projektprozess für alle Beteiligten kontinuierlich dokumentieren und deshalb absolut unverzichtbar sind. Aus ihnen entsteht allmählich ein Portfolio, eine Sammelmappe, die am Ende der Projektarbeit fertiggestellt ist. Sie dient einerseits als Lernprozessbericht, andererseits kann sie als Lerngrundlage für eine nach Abschluss des Projekts zu schreibende Klausur dienen.

Literatur:

Adamski, Peter, Portfolio im Geschichtsunterricht. Leistungen dokumentieren – Lernen reflektieren, in: Geschichte in Wissenschaft und Unterricht 54 (2003), H. 1, S. 32–50.

Suschnig, Hanna-Maria, Betreuung von Schülerinnen und Schülern bei Portfolio-Arbeit im Geschichtsunterricht. Klagenfurt 1999.

Schließlich sollten sich alle Teams bei der Bearbeitung ihrer Materialien auf einen gleichlautenden Gruppenauftrag einigen, der so oder ähnlich formuliert sein könnte:

Gemeinsamer Arbeitsauftrag für die Arbeitsgruppen

1. Werten Sie die ausgewählten Materialien aus im Hinblick darauf, welche Aussagen sie zu den in Ihrer Arbeitsgruppe festgelegten Fragestellungen und Hypothesen machen!
2. Notieren Sie weitergehende Fragen, die sich aus den Materialien oder Ihren eigenen Interessen ergeben, sich aus den Materialien aber nicht beantworten lassen!
3. Erstellen Sie ein Gruppenprotokoll!
4. Jedes Gruppenmitglied bringt die Ergebnisse seiner individuellen Arbeit zu Papier in einer solchen äußeren Form, dass sie in einem Ordner abgeheftet werden können!
5. Erarbeiten Sie als Gruppe eine visualisierte Zwischenpräsentation (z. B.auf Folie, Flipchart, Powerpoint usw.) zu Ihren Ergebnissen, die Sie in der kommenden Projektphase Ihren Mitschülern vorstellen können!
6. Verwenden Sie in Ihrer Präsentation höchstens drei Bilder und begründen Sie Ihre Auswahl!

Projektphase 7: Die Präsentation der Arbeitsergebnisse
(Zeitvorschlag: 3 Unterrichtsstunden im Plenum)

Wie erwähnt, sollte sich auch die Präsentation der Arbeitsergebnisse als Prozess gestalten, der in mindestens zwei Zwischenpräsentationen mit jeweiliger Feedback-Phase und die Schlusspräsentation untergliedert ist. Über die zu wählende Präsentationsform befinden die Arbeitsgruppen – nach Absprache im Plenum – selbstständig. Das überaus breite Spektrum der Möglichkeiten reicht von Ausstellungen, Wandzeitungen, Plakaten über szenische bzw. halbszenische Darstellungsformen bis hin zu Features, Websites usw.
In der Regel werden aber die einzelnen Arbeitsgruppen, insbesondere solange die Projektarbeit noch wenig eingeübt ist, die Ergebnisse ihrer Projektarbeit in der Form eines mündlichen Vortrags präsentieren. Natürlich ist es denkbar, dass sich die Präsentation vor einem Publikum vollzieht, das nicht am Projekt beteiligt war. In jedem Fall kann es nützlich sein, wenn Sie Ihren Vortrag durch geeignete Medien unterstützen, z. B. durch Folien, Wandzeitungen, Plakate, Flip-Charts, Präsentationssoftware, Beamer usw. Entscheidend ist dabei allerdings, dass der Medieneinsatz nicht zum Selbstzweck werden darf, sondern stets funktional auf die Vortragsinhalte bezogen sein muss. Dabei gilt vor allem: „Die Medien sollen den Vortrag nicht leiten, sondern begleiten." Sie visualisieren also nur die Kerninhalte des Vortrags („Weniger ist mehr!"), der ansonsten frei gehalten wird und inhaltlich wesentlich über das hinausgehen muss, was visualisiert wird. Als Kardinalfehler gilt, wenn Referenten z. B. die erarbeitete Wandzeitung vorlesen!
Präsentationen müssen einerseits fachspezifischen Ansprüchen genügen, andererseits müssen allgemeine Präsentationsregeln eingehalten werden.

Fachspezifische Ansprüche:
- Die Präsentation soll die fachspezifischen Kompetenzen der Gruppe sowohl auf der inhaltlichen als auch der methodischen Ebene widerspiegeln.
- Sie soll den Weg und die Methoden der Materialrecherche dokumentieren.
- Sie soll zeigen, dass das historische Fachvokabular richtig verwendet wird.
- Sie soll zeigen, dass die Gruppe die historische Methode der Quellenkritik und -interpretation beherrscht und ihre Thesen anhand von Quellen belegen kann.
- Sie kann die Fähigkeit zur Arbeit mit anderen fachspezifischen Materialien zeigen, z. B.mit Bildern, Karikaturen, Karten, Statistiken, Diagrammen, Schaubildern usw., sofern diese für das Thema ergiebig sind.
- Sie soll die Fähigkeit zur Auswertung fachwissenschaftlicher Darstellungen zeigen.

Allgemeine Präsentationsregeln:
- Die Präsentation soll in Einleitung, Hauptteil und Schluss gegliedert sein.
- Die Einleitung soll das Interesse der Zuhörer gewinnen, die zugrunde liegenden Fragestellungen formulieren, Grundbegriffe klären und über das methodische Vorgehen Auskunft geben.
- Der Hauptteil soll die Argumentation in klare Abschnitte gliedern, die einzelnen Aspekte des Themas in einen schlüssigen Zusammenhang bringen und mit klaren Ergebnissen abschließen.
- Der Schluss soll die Ergebnisse zusammenfassen, sie in einen größeren Zusammenhang einordnen und offen gebliebene Fragen sowie ungelöste Probleme benennen.
- Die Präsentation insgesamt soll in freier Rede gehalten werden und durch den Einsatz angemessener rhetorischer und körpersprachlicher Mittel das Publikum erreichen. Geeignete Medien können den Vortrag unterstützen, aber: Medialen Overkill vermeiden! Weniger ist mehr!
- Die Zuhörer sollen ein Handout erhalten und nach der Präsentation die Gelegenheit zu Fragen und Beiträgen haben.

Projektphase 8: Gemeinsame Auswertung des Projektprozesses
(Zeitvorschlag: 1 Unterrichtsstunde im Plenum)

Das abschließende Gespräch im Plenum nach der Präsentation aller Ergebnisse sollte einerseits inhaltliche Fragen zusammenfassend zum Thema machen, andererseits den gemeinsam durchlaufenen Weg während des Projektprozesses reflektieren.

Mögliche inhaltliche Fragen:
- Gab es im „Kalten Krieg“ Schuldige und Unschuldige?
- War das Verhalten der am „Kalten Krieg“ beteiligten Mächte rational?
- Welche Ursachen führten zur Überwindung des „Kalten Kriegs“?
- Brachte das Ende des „Kalten Kriegs“ eine Wende zum Besseren in der Weltpolitik?
- Lassen sich aus der Geschichte des „Kalten Kriegs“ Lehren für die Zukunft der internationalen Politik ziehen?
- Hat die Projektarbeit zum „Kalten Krieg“ unseren Blick auf die internationale Politik der Gegenwart verändert?

Mögliche Fragen zum Projektprozess:
- War die Projektarbeit produktiv und effizient?
- Was hat sich bewährt, was sollte beim nächsten Mal verändert werden?
- Gibt es Anlass zur Selbstkritik?
- Welchen Stellenwert sollte sie im weiteren Unterrichtsgang haben?
- Auf welchen verschiedenen Ebenen lernt man während der Projektarbeit?
- Sind diese Lernprozesse eine Vorbereitung auf das Leben?

II. Materialien

Materialien zu Projektphase 1: Der „Kalte Krieg" und das 21. Jahrhundert

M1: US-Präsident George W. Bush (17.9.2002)

„Die großen Auseinandersetzungen des 20.Jahrhunderts zwischen Freiheit und Totalitarismus endeten mit einem deutlichen Sieg für die freiheitlichen Kräfte und einem einzigen nachhaltigen Modell für nationalen Erfolg: Freiheit, Demokratie und freies Unternehmertum. [...] Die Vereinigten Staaten erfreuen sich gegenwärtig beispielloser militärischer Stärke und eines großen wirtschaftlichen und politischen Einflusses. Wenn wir unserem Erbe und unseren Grundsätzen treu bleiben, nutzen wir unsere Stärke nicht für die Durchsetzung einseitiger Vorteile. Wir streben dagegen nach einem Kräftegleichgewicht zu Gunsten menschlicher Freiheit: Bedingungen, die es allen Nationen und Gesellschaften ermöglichen, für sich selbst den Lohn und die Herausforderungen politischer und wirtschaftlicher Freiheit zu wählen. Eine sichere Welt ermöglicht es den Menschen, ein besseres Leben zu führen. Wir werden den Frieden gegen Bedrohungen durch Terroristen und Tyrannen verteidigen. Wir werden den Frieden durch den Aufbau guter Beziehungen zwischen den Großmächten bewahren. Und wir werden Frieden verbreiten, indem wir freie und offene Gesellschaften auf jedem Kontinent fördern. [...]
Bei der Verteidigung des Friedens werden wir auch die historische Chance ergreifen, den Frieden zu bewahren. Die internationale Gemeinschaft hat seit der Entstehung der Nationalstaaten im 17. Jahrhundert jetzt die beste Chance, eine Welt zu schaffen, in der die Großmächte in Frieden konkurrieren, statt sich fortwährend auf einen Krieg vorzubereiten. Die Großmächte der Welt befinden sich jetzt auf der selben Seiten – geeint durch die gemeinsame Bedrohung durch terroristische Gewalt und Chaos. Die Vereinigten Staaten werden auf der Basis dieser gemeinsamen Interessen auf die Förderung globaler Sicherheit hinarbeiten. Wir werden zunehmend durch gemeinsame Werte geeint. Russland befindet sich inmitten eines hoffnungsvollen Übergangsprozesses und strebt eine demokratische Zukunft und eine Partnerschaft im Krieg gegen den Terrorismus an. In China entdecken führende Politiker, dass wirtschaftliche Freiheit die einzige Quelle nationalen Wohlstands ist. Mit der Zeit werden sie feststellen, dass gesellschaftliche und politische Freiheit die einzige Quelle nationaler Größe ist. Die Vereinigten Staaten werden das Streben nach Demokratie und wirtschaftlicher Offenheit in beiden Ländern unterstützen, denn dies sind die besten Voraussetzungen für innere Stabilität und internationale Ordnung. [...]
Schließlich werden die Vereinigten Staaten die Gunst der Stunde nutzen, um die Vorzüge der Freiheit in der ganzen Welt zu verbreiten. Wir werden uns aktiv dafür einsetzen, die Hoffnung auf Demokratie, Entwicklung, freie Märkte und freien Handel in jeden Winkel der Erde zu tragen. [...] Die Vereinigten Staaten werden jedem Land zur Seite stehen, das entschlossen ist, eine bessere Zukunft zu schaffen, indem es seinen Bürgern die Vorzüge der Freiheit gewährt. Freier Handel und freie Märkte haben bewiesen, dass sich ganze Gesellschaften durch sie aus der Armut befreien können. [...] Die Vereinigten Staaten begrüßen ihre Verantwortung, bei dieser großartigen Mission eine führende Rolle zu spielen."

(www.usembassy.de/policy/nss.pdf, 29.6.2003, S. 2, 4 – 6)

M 2: Der amerikanische Politologe Francis Fukuyama (1995)

„Auf den Zusammenbruch des Kommunismus folgte eine Sturm-und-Drang-Periode, die in der Alten Welt zu einiger Instabilität führte und Anlass zu pessimistischen Gedanken über die politische Zukunft des Kontinents gab. [...] Während wir uns dem 21. Jahrhundert nähern, ist weltweit eine bemerkenswerte Konvergenz der politischen und ökonomischen Institutionen zu beobachten. In früheren Jahrzehnten des 20. Jahrhunderts klafften tiefe ideologische Gräben zwischen unterschiedlichen Gesellschaftssystemen: In der politischen Sphäre standen sich traditionell monarchistische, faschistische, liberaldemokratische und kommunistische Staaten in erbitterter Feindschaft gegenüber. Ökonomisch gesehen gab es Länder, die eine nationalistische Wirtschaftspolitik verfolgten, andere setzten auf die freie Marktwirtschaft und wieder andere auf zentrale Planung. Heute haben praktisch alle entwickelten Länder demokratische Institutionen oder versuchen sie einzuführen und immer mehr Länder schreiten in Richtung auf eine marktbestimmte Wirtschaft und Integration in globale kapitalistische Arbeitsteilung voran.
Diese Entwicklung bedeutet, wie ich in einem früheren Buch dargelegt habe, das „Ende der Geschichte": Ein Ende in dem Sinne, dass die Geschichte als umfassende Evolution der menschlichen Gesellschaft an ihrem Endziel angelangt ist. [...] Der vom technischen Fortschritt beförderte Kapitalismus hat enormen Wohlstand geschaffen und dient als eine Art Inkubator für die Entwicklung liberaler politischer Systeme auf der Grundlage universeller, gleicher Menschenrechte, in welchen der Kampf um die Anerkennung der menschlichen Würde seinen Höhepunkt findet. Viele Länder hatten Probleme, demokratische Regierungsformen und freie Märkte durchzusetzen [...]. Doch für die wirtschaftlich fortgeschrittensten Länder gibt es kein erfolgversprechendes alternatives Modell der politischen und wirtschaftlichen Organisation."

(Francis Fukuyama, Konfuzius und Marktwirtschaft. Der Konflikt der Kulturen. München (Kindler) 1995, S. 11, 17)

M 3: Der deutsche Außenminister Joschka Fischer in einem Interview am 21.8.2003

„[...] es gab nach dem Kalten Krieg die These vom Ende der Geschichte. Das Gegenteil ist der Fall. Der Kalte Krieg hat Geschichte nur eingefroren und politisch auf die einfache Ost-West-Struktur reduziert. Dieser Konfrontation wurde alles untergeordnet. Aber dieses Modell ist mit der Sowjetunion untergegangen. Jetzt haben wir es mit einer dreidimensionalen Struktur zu tun. In der ersten Etage sind die Großen Mächte mit ihren Allianzen, in der zweiten haben wir es mit regionalen Mächten und ihren Konflikten zu tun, der Nahost- oder der Kaschmir-Konflikt sind dafür Beispiele. Und die unterste Etage sind die so genannten failing states, Staaten mit einer zusammengebrochenen Struktur. Am 11. September wurde die regionale, aber auch die globale Stabilität aus dieser untersten Etage angegriffen. [...]

Die wirkliche Bedrohung für uns wird entstehen, wenn sich religiöser Hass, nationale Rivalität, Massenvernichtungswaffen und Terrorismus verbinden. Das zielt nicht darauf, unser Land militärisch zu besetzen, sondern es zielt gegen unsere Art, als offene Gesellschaften zu leben. Deshalb bleibt uns nichts anderes übrig, als auf diese Form der Bedrohung neue Antworten zu finden. Das setzt eine präventive Politik voraus, aber nicht verengt auf das Militärische, sondern viel breiter angelegt und bezogen auf alle Aspekte gesellschaftlicher Entwicklung. Wir müssen helfen, die Modernisierungsblockaden aufzulösen. Das verstehe ich unter einem erweiterten Sicherheitsbegriff."

(Süddeutsche Zeitung, 21.8.2003, S. 5)

M 4: Der deutsch-amerikanische Historiker Fritz Stern (1991)

„Ich glaube nicht, dass wir das Ende der Geschichte oder den Ewigen Frieden erreicht haben. [...] Allerdings glaube ich, dass wir das Ende einer Epoche erreicht haben, in der Europa von Hegemonialkriegen in Schutt und Asche gelegt wurde [...] und in der sich totalitäre Staaten ein Machtmonopol schufen, das auch ein Monopol der Wahrheit kontrollierte [...]. Trotz aller Risiken und Gefahren, die vor uns liegen, [...] sollten wir doch die Größe der Veränderungen anerkennen, die mit den Revolutionen von 1989 in Europa eingetreten sind. Die Wahrheit ist wieder eingesetzt. [...] Die Verteidigung der Freiheit ist unsere nächste große Aufgabe."

(Fritz Stern, Europa am Ende einer Ära des nationalen und ideologischen Wahns, in: Die Zeit, Nr. 51, 13.12.1991)

M 5: Der britische Historiker Perry Anderson (1993)

„Das Ende der Geschichte bedeutet vor allem das Ende des Sozialismus. Die kommunistische Welt steht freilich mit diesem Schicksal nicht allein da. Der Zusammenbruch der bürokratischen Regimes, die von der Wüste Gobi bis zur Adria innerhalb von zwei Jahren gleich einem Sturzflug die UdSSR unter sich begruben, lieferte das weitaus spektakulärste Schauspiel. Die Tradition der Dritten Internationale endete in Ruinen, während ihr Gegenspieler im Westen überlebte. [...] In der dritten Welt hat sich die Dynamik nationaler Befreiungskriege weitgehend erschöpft und jene Bewegungen, die den Sozialismus auf die Fahnen ihres Befreiungskampfes geschrieben hatten, haben ihn vom Jemen bis Angola abgestreift. [...] Keine der politischen Strömungen, die in diesem Jahrhundert als Herausforderer des Kapitalismus antraten, hat zur Stunde noch Kampfgeist oder eine Massenbasis. [...]

Infolgedessen treten die wirklichen Zwangslagen wie auch einige der Schwierigkeiten klar hervor, mit denen jede Alternative zur gegenwärtigen Weltordnung konfrontiert ist. Denn was heutzutage am stärksten gegen den Kapitalismus spricht, ist die von ihm erzeugte Verbindung von ökologischen Krisen und sozialer Polarisierung. Die Kräfte des Marktes bieten dafür keine Lösung an. [...] Denn die strukturelle Malaise des fortgeschrittenen Kapitalismus, die in den siebziger Jahren zutage trat, ist noch nicht überwunden. Die Profitraten sind nur mehr halb so hoch wie im Boom der Nachkriegszeit und konnten sich allein durch die massive Vergabe von Krediten auf diesem Niveau halten. Aufgrund solcher Stützungsmaßnahmen ist der Tag der Abrechnung bloß hinausgeschoben worden. Der Ausbruch einer neuen schweren Krise in den OECD-Ländern würde alle politischen Kalküle, im Osten wie im Westen, auf unvorhersagbare Weise umstoßen. Die enger werdenden Bindungen in der kapitalistischen Weltordnung müssen zwangsläufig dazu führen, dass der enorme Druck von Armut und Ausbeutung, der auf dem Süden lastet, zum ersten Mal Auswirkungen auf den Schauplatz im Norden hat. All diese Spannungen könnten eine gesellschaftliche Umstrukturierung auf die internationale Tagesordnung setzen. Sollte der Sozialismus für diese Probleme sinnvolle Lösungen finden, müsste keine andere Bewegung auf ihn folgen. Vielmehr rehabilitierte er sich dann aus sich heraus als Programm für eine Welt, die egalitärer und lebenswerter wäre."

(Perry Anderson, Zum Ende der Geschichte. Hamburg (Rotbuch) 1993, S. 140f., 149, 169f.)

M 6: Der Historiker Jürgen Kocka (1995)

„Eine tiefe Zäsur war es schon, was da 1989/90 geschah, die einschneidendste seit dem Zweiten Weltkrieg, ein Umbruch, eine Wende, das Ende einer Epoche in der Geschichte Deutschlands, Europas, ja der nördlichen Hemisphäre. In dreifacher Hinsicht:

1. 1989/90 endete der große Systemkonflikt, der die Welt seit der unmittelbaren Nachkriegszeit geprägt und sich im Kalten Krieg zugespitzt hatte. 1989/90 löste sich die von den Supermächten USA und Sowjetunion bestimmte Weltordnung auf, der Niedergang des sowjetischen Imperiums beschleunigte sich und die Grundzüge einer neuen Ordnung zeichneten sich ab, die aber bis heute keine feste Gestalt gefunden hat – mit der Folge, dass sich Befriedigung über den Zusammenbruch der alten Ordnung zunehmend mit Unsicherheit und Sorge über die Zukunft mischt.

2. In enger Verbindung damit stand der lange vorbereitete, aber nun plötzlich sichtbar werdende und sich in Form eines rasanten Zusammenbruchs überschlagende Niedergang des diktatorischen Staatssozialismus, wie er sich seit 1917 in der Sowjetunion etabliert hatte und wie er nach 1945 durch die sowjetische Hegemonialmacht im östlichen Europa verbreitet und weltweit propagiert worden war. [...] Die marktwirtschaftlich organisierten, vergleichsweise offenen Gesellschaften des Westens mit ihren tendenziell liberaldemokratischen Institutionen und wohlfahrtsstaatlichen Regelungen erwiesen sich als stärker. Unter dem Motto der „Zivilgesellschaft" wurden sie zum hoffnungsvoll erstrebten Gegenmodell zur niedergehenden „realsozialistischen" Diktatur. 1989/90 war ein großes Jahr in der Geschichte von Freiheit und Demokratie. [...]

3. Die Wende in Deutschland war Teil dieses welthistorischen Umbruchs, von ihm sehr viel stärker bedingt als ihn ihrerseits bedingend. Sie bestand, das soll man gedanklich auseinanderhalten, aus zwei Teilen: dem Zusammenbruch der DDR und der „Wiedervereinigung". Diese ging zwar als Beitritt der zerfallenden DDR zur dadurch bestätigten Bundesrepublik vor sich, deren Ordnung damit nach Osten hin ausgedehnt wurde; doch in diesem Prozess ändert sich auch die aufnehmende Mehrheitsgesellschaft und das neue Deutschland ist keine bloße Fortsetzung der alten Bundesrepublik, die in gewisser Hinsicht 1989/90 ebenfalls endete. [...]"

(Jürgen Kocka, „Die Wende": Fakten, Probleme und Perspektiven, in: Hans-Ulrich Wehler (Hrsg.), Scheidewege der deutschen Geschichte. Von der Reformation bis zur Wende 1517 – 1989. München (Beck) 1995, S. 238 – 240, 249f.)

M 7: Der Historiker Gregor Schöllgen (1996)

„Revolutionen kündigen sich nicht an, sie finden statt und keiner vermag zu sagen, ob sie einen Fortschritt einleiten oder aber das Gegenteil. Das gilt auch für die Revolution der ausgehenden achtziger Jahre. Vorderhand bescherte sie der Welt, selbst dem europäischen Kontinent, eine fundamentale Renationalisierung der politischen Landschaft. So sah sich die Menschheit am Ausgang des Dritten Krieges, jedenfalls zeitweilig und in einigen Weltgegenden, wieder vielen jener Probleme gegenüber, um derentwillen der Erste und der Zweite geführt worden waren. Wie die beiden Weltkriege hat ganz offenkundig auch der Kalte Krieg sie nicht dauerhaft lösen können, sondern gewissermaßen für ein halbes Jahrhundert auf Eis gelegt.

Das war dort der Fall, wo es den Völkern über Jahrzehnte, wenn nicht über Jahrhunderte, versagt gewesen war, ihren Weg selbst zu wählen und zu begehen. Jetzt, am Ende des Kalten Krieges und mit dem Zusammenbruch seiner disziplinierenden Ordnung, holten sie jene bittere Erfahrung nach, die andere vor ihnen auf eben diesem Weg bereits gemacht hatten. Und so rangen am Ende des Dritten Krieges, im Ausgang des Zeitalters der Weltkriege, zwei Prinzipien miteinander: Während der Krieg in einige Regionen der Erde Einzug gehalten hatte, war er in anderen weniger denkbar denn je. Allerdings führte das unerwartete Aufleben längst überlebt geglaubter Klischees und Verhaltensweisen, das nach Überwindung der alten Ordnung mitunter auch in der westlichen Welt zu beobachten war, während der neunziger Jahre zu der Erkenntnis, dass Friedenssicherung und Kriegsverhütung Akte des Willens bleiben würden.

Auch in Zukunft wird der Mensch also unter Beweis zu stellen haben, dass er nicht nur über eine beachtliche Überlebens-, sondern auch über eine gewisse Lernfähigkeit verfügt. Während des Kalten Krieges hat er diesen Beweis erbracht. Die katastrophalen Erfahrungen der ersten Jahrhunderthälfte führten ihn in der zweiten zu einer Einsicht, die auch im 21. Jahrhundert wenig von ihrer Gültigkeit verlieren wird: Einen Krieg, erwachsen aus den Problemen und Konstellationen des ersten, geführt mit der Verbissenheit des zweiten und ausgetragen mit dem Mittel des dritten, also mit der Nuklearwaffe, dürfte die Menschheit kaum überleben. In diesem Wissen gründete die Logik des Dritten Krieges, der deshalb ein kalter blieb."

(Gregor Schöllgen, Geschichte der Weltpolitik von Hitler bis Gorbatschow 1941 – 1991. München (C.H. Beck) 1996, S. 475f.)

M 8: Der französische Politikwissenschaftler Jean-Marie Guéhenno (2000):

„Nicht einmal zehn Jahre haben wir gebraucht um festzustellen, dass die Niederlage des Totalitarismus nicht mit dem endgültigen Sieg der Demokratie zusammenfällt. Die Globalisierung schwächt zusehends die verbindenden Strukturen der menschlichen Gemeinschaft, vor allem aber die Nation. Und weil Demokratie und Nation eine Einheit bilden, nährt heute die Krise der Nation auch die Krise der Demokratie. Unvermittelt, ohne die mildernden Medien des Politischen, begegnet das Individuum (als Bürger, als Konsument und Produzent) der globalisierten Welt. Dieser Aufeinanderprall zerstört die traditionellen politischen Zusammenhänge, ohne zugleich die Grundlagen für eine Weltgemeinschaft zu schaffen. Der Weltmarkt führt nicht von selbst zu einer Weltgemeinschaft.

Im Gegenzug bewirkt die Globalisierung eine zunehmende Aufsplitterung in immer begrenztere Gemeinschaften. Die geschwächten nationalen Gemeinschaften bilden nicht länger den natürlichen Horizont unseres Lebens. Deshalb werden sie nach und nach durch andere Bindungen ersetzt: Religiöse Zugehörigkeiten, Sekten, Nicht-Regierungsorganisationen, aber auch Unternehmensidentitäten sind neue, häufig nützliche, manchmal jedoch auch gefährliche Antworten auf das von den traditionellen Strukturen immer weniger befriedigte Bedürfnis zu wissen, wohin man gehört. [...]

Die traditionellen politischen Institutionen stehen nunmehr in Konkurrenz zu allen möglichen neuen Akteuren. Diese Entdeckung beschleunigt auch in der entwickelten Welt den Rückzug des Politischen. Nachdem sie in den letzten hundert Jahren von einem außerordentlichen Aufblühen der Verwaltung profitiert haben, bemerken die großen Nationen der industrialisierten Welt nun die unliebsamen Begleiterscheinungen einer Entwicklung, die Bürger in anspruchsvolle Kunden verwandelt und Staaten in simple Dienstleistungsunternehmen. Diese uneingestandene Gleichsetzung haben die Staaten zu fürchten. Sie führt zu einer radikalen Infragestellung des Staates und seines Einflussbereichs."

(Werner A. Perger/Thomas Assheuer (Hg.), Was wird aus der Demokratie? Opladen (Leske + Budrich) 2000, S. 66, 70)

M 9: Der Journalist und Publizist Lothar Rühl (2001)

„Die vom Terrorangriff [am 11.9.2001] auf Amerika verursachte internationale Krise beschleunigt die Auflösung der aus der Ost-West-Konfrontation überkommenen Formationen der internationalen Politik. Das forciert die Neuorientierung der globalen und regionalen Akteure im Verhältnis zueinander wie gegenüber alten und neuen Herausforderungen für die internationale Sicherheit. Amerika mag noch auf längere Zeit die führende, ja sogar die einzige Weltmacht bleiben. Doch der amerikanische Einfluss auf das Weltgeschehen erweist sich in den akuten Krisen zum Jahrhundertbeginn als umstritten, unsicher und begrenzt. [...]

In dieser „postkonfrontativen" globalen Situation, die noch keine Basis für eine „Neue Weltordnung" bietet, sondern bisher eher die Trümmerstruktur nach dem Zusammenbruch der Bipolarität zeigt, verschieben sich die Proportionen zwischen geopolitischen Regionen über die historischen Bruchlinien hinaus, die 1988 bis 1991 hervorgetreten sind. [...] Die erkennbaren Vorbehalte und Unsicherheiten auf der europäischen Bündnisseite stellen für Washington auch die Frage, ob es für amerikanische Aktionen nützlich ist, eine Allianzbeteiligung zu fordern. Ohne Nato-Partner ist Amerika in Asien freier. Allerdings haben einige Verbündete wie insbesondere die Türkei eine gesteigerte Bedeutung wegen ihrer Lage und ihres Gebietes mit Aufklärungsanlagen und Luftstützpunkten am Rande des Mittleren Ostens. [...]

Ohnehin muss Amerika für seine Sicherheit neben Europa andere Partner in anderen Regionen gewinnen. Indien wird neben Australien, Japan, Korea und Südostasien an Bedeutung gewinnen. Die Beziehungen zu China und zu Russland werden in zunehmendem Maß auch unabhängig von europäischen Interessen betrachtet werden. Das könnte auch die künftige Nato-Erweiterung in ein neues Koordinatensystem rücken lassen, in dem nicht länger die amerikanische Sicherheitsgarantie und das strategische Engagement Amerikas in Europa im Zentrum wären, sondern eine Entlastung der Führungsmacht und eine Privilegierung des Verhältnisses zu Russland als eurasischer Macht im Osten Europas."

(Frankfurter Allgemeine Zeitung, 17.9.2001, Nr. 216, S. 2)

M 10: Der amerikanische Experte für internationale Beziehungen Charles A. Kupchan (2003)

„Die wachsende Entfremdung zwischen Amerika und Kontinentaleuropa, die den Fortbestand einer auf dem Grundsatz unteilbarer Sicherheit gegründeten Gemeinschaft in Frage stellt, ist das Produkt von Veränderungen auf beiden Seiten des Atlantiks. In Europa zwingen neue geopolitische Umstände die EU, nach mehr strategischer Unabhängigkeit von den Vereinigten Staaten zu streben. Zugleich hat das unilaterale Vorgehen Amerikas viele Europäer verärgert; statt die amerikanische Dominanz in der Weltpolitik zu begrüßen, sehen immer mehr von ihnen Amerika als Supermacht, die auf Abwege geraten ist – und eingedämmt werden muss.
Dabei spielt auch die traditionelle Machtpolitik eine gewichtige Rolle; die zunehmende Integration der EU fördert die Abwendung Europas von Amerika. Paradoxerweise kehrt sich hier die Geschichte um: Im Verlauf des neunzehnten Jahrhunderts wurden die Vereinigten Staaten endgültig zu einem einheitlichen politischen Gebilde, traten als Großmacht auf die Weltbühne und verlangten von den Nationen Europas, ihnen den gebührenden Platz einzuräumen. Heute ist es die EU, die sich als politische Einheit allmählich verfestigt – und von Amerika verlangt, ihr größeres Gewicht beizumessen. [...]
Die Veränderungen, die sich in den Vereinigten Staaten zeigen, sind von ähnlicher Tragweite – und bedeuten ebenfalls nichts Gutes für die Zukunft der Allianz. Das Interesse an seiner Rolle als Schutzmacht Europas hat Amerika schon lange vor dem Zerwürfnis in der Irak-Frage verloren. In Europa herrschen Wohlstand und Frieden, Amerika ist mit drängenden strategischen Herausforderungen andernorts konfrontiert, besonders nach den Anschlägen des 11. September: Es gibt einfach keinen zwingenden Grund mehr, warum die Vereinigten Staaten eine europäische Macht bleiben sollten.
Zudem hat sich die Art und Weise, wie Amerika seine Rolle in der Welt spielt, gewandelt. Der auf Amerika zentrierte Multilateralismus, der die Ära des Kalten Krieges beherrschte, ist durch einen Unilateralismus abgelöst worden, der eine lange Tradition in der politischen Kultur der Vereinigten Staaten mit ihrer Betonung von Freiheit und Souveränität hat. Nun, da die Bedrohungen des Kalten Krieges, die Amerika einst an Verbündete und internationale Organisationen band, verschwunden ist, kommt diese libertäre Tradition wieder zum Vorschein. [...] Die Herausforderung der Zukunft besteht also nicht darin, die westliche Allianz zu kitten. Das ist eine verlorene Sache. Statt dessen sollte uns daran gelegen sein, dass sich das Ende des Bündnisses nicht als hässliche Scheidung, sondern als eine Trennung im gegenseitigen Einvernehmen vollzieht. Selbst diese Herausforderung wird noch schwierig genug zu bewältigen sein."

(Frankfurter Allgemeine Sonntagszeitung, Nr. 15, 13.4.2003, S. 12)

Materialien zu Projektphase 2: Historiker deuten den „Kalten Krieg"

M 1: Der Historiker Bernd Stöver (2003)

„Der Begriff des Kalten Krieges stammt aus dem Jahr 1946 und ist damit mittlerweile fast sechzig Jahre alt. Dennoch ist nach wie vor die Definition umstritten. Man kann sich wohl am ehesten darauf einigen, dass er in erster Linie eine Auseinandersetzung zwischen zwei unvereinbar erscheinenden Weltanschauungen mit jeweils konkurrierenden Gesellschaftsentwürfen war. Er war ein Systemkonflikt zwischen dem kommunistischen Modell der staatssozialistischen „Volksdemokratie" auf der einen und dem westlichen Modell der liberalkapitalistischen parlamentarischen Demokratie auf der anderen Seite. Prinzipiell beharrten beide Seiten auf universaler Anwendung und globaler Gültigkeit. Unbestrittene Führer der Lager waren die Hauptsiegermächte des Zweiten Weltkrieges, die USA und die Sowjetunion, die sich mit dem Erreichen ihres wichtigsten gemeinsamen Ziels, der Zerstörung des Nationalsozialismus, entfremdeten. In der bipolaren Konfrontation zwischen den Führungsmächten Sowjetunion und USA ordnete sich ein Großteil der anderen Staaten den jeweiligen Blöcken zu. Die Ausnahme bildete schließlich China sowie die Gruppe der „Blockfreien", die ohne (Vertrags-)Bindung an den Westen und den Osten größtmögliche politisch-wirtschaftliche Unabhängigkeit bewahren wollten. [...]
Rasch entwickelte sich der Kalte Krieg zu einem „totalen Krieg", in dem mit Ausnahme der atomaren Waffen, die sich aufgrund ihres langfristigen Zerstörungspotenzials als nicht einsetzbar erwiesen, alles Verfügbare zur Anwendung kam, um diesen Konflikt zu gewinnen. Der Kalte Krieg war eine politisch-ideologische, ökonomische, technologisch-wissenschaftliche und kulturell-soziale Auseinandersetzung, die ihre Auswirkungen bis in den Alltag zeigte. Nur in der Dritten Welt wurde der Kalte Krieg schließlich auch als konventionelle militärische Auseinandersetzung geführt."

(Bernd Stöver, Der Kalte Krieg. München (C.H. Beck) 2003, S. 7, 9)

M 2: Der amerikanische Historiker William A. Williams (1962)

„Zum einen glaubten die Amerikaner, den Menschen helfen hieße sie sich selbst ähnlich zu machen. Dies untergrub ihr Ideal der Selbstbestimmung. Andererseits behaupteten sie, dass wirtschaftliche Expansion in Übersee die Voraussetzung für ihr eigenes materielles Wohlergehen sei und handelten dementsprechend. Aber da diese Expansion nichts anderes bedeutete als einen Gewinn von Märkten für die amerikanischen Exporte sowie eine Kontrolle über die Rohstoffe für die amerikanische Industrie, wurde die Möglichkeit anderer Völker, sich nach ihren eigenen Vorstellungen von Entwicklung zu verhalten, weiter ausgehöhlt. [...]
Die an Stelle Roosevelts tretenden Führer begriffen weder das Dilemma noch die Notwendigkeit ihre Auffassung zu modifizieren. Einige von ihnen dachten zeitweilig daran, die Beziehungen zur Sowjetunion auf der Basis wirtschaftlicher und politischer Abkommen zu stabilisieren, aber selbst diese schwache Minderheit sah die Zukunft unter dem Gesichtspunkt einer Fortsetzung der durch die Strategie der Offenen Tür geleiteten Expansion. Die große Mehrheit verstand sich schnell zu einem Programm, das vorsah die Sowjetunion zum Akzeptieren der traditionellen Vorstellungen Amerikas von sich und der Welt zu zwingen. Diese Entscheidung eröffnete die letzte Phase des Übergangs der Politik der Offenen Tür von einer utopischen Idee zu einer Ideologie, von einer intellektuellen Konzeption für die Veränderung der Welt zu einer solchen, die sie in ihrer traditionellen Form erhalten wollte. Die Führer Amerikas hatte die Theorie, die Notwendigkeit und die Moral der Expansion im Namen der Politik der Offenen Tür verinnerlicht und glaubten daran. [...]
Die Führer Amerikas operierten aufgrund dreier Prämissen oder Ideen, welche die Welt unter dem Gesichtspunkt des

Kalten Krieges definierten. Die erste besagte, dass Russland zwar böse, aber schwach sei. [...] Die amerikanischen Führer konzentrierten sich darauf, den amerikanischen Einfluss in Osteuropa wiederherzustellen und die Russen auf ihre traditionellen Grenzen zurückzudrängen. [...] Eine weitere Grundauffassung der amerikanischen Führer definierte die Vereinigten Staaten als das Symbol und den Agenten des Positiven, Guten, im Gegensatz zum sowjetischen Übel, und unterstellte, dass die Kombination von amerikanischer Stärke und russischer Schwäche es ermöglichen würde, die Zukunft der Welt in Übereinstimmung mit dieser Beurteilung zu gestalten. [...] Der dritte wesentliche Aspekt der Perspektive der Offenen Tür war die Befürchtung, dass das Wirtschaftssystem Amerikas in eine schwere Depression geraten würde, wenn es nicht seine Expansion in Übersee fortsetzte. [...] Präsident Harry S. Truman war ein begeisterter und militanter Verfechter der Vorherrschaft Amerikas auf der Welt."

(W.A. Williams, Die Tragödie der amerikanischen Diplomatie. Frankfurt/ Main (Suhrkamp) 1973, S. 261ff.)

M 3: Der amerikanische Historiker David Horowitz (1969)

"Ich habe mich bemüht zu zeigen, dass die Struktur des Kalten Krieges (als „kalter Krieg") durch eine Reihe politischer, in Washington zwischen 1945 und 1947 getroffener Entscheidungen bestimmt wurde, die ihre „klassische" Formulierung in der Truman-Doktrin erhielten. [... So] konnte zu einem Zeitpunkt, als die später in die Truman-Doktrin aufgenommenen maßgeblichen strategischen Entscheidungen gefällt wurden, der angebliche sowjetische Expansionsdruck lediglich ein Vorwand für die eingeschlagene Politik, nicht aber deren Ursache gewesen sein. [...] Schließlich konnte die Sowjetunion wegen ihrer schwachen Machtposition – was auch immer ihre Pläne auf lange Sicht sein mochten – nicht gut von sich aus das Risiko eingehen, als Reaktionen genau die Maßnahmen zu provozieren, die diese Politik der USA vorschrieb. In diesem Sinne spreche ich von den strategischen Möglichkeiten, die den amerikanischen Politikern wahlweise zur Verfügung standen und ihren Kollegen im Kreml versagt waren."

(David Horowitz, Kalter Krieg. Hintergründe der US-Außenpolitik von Jalta bis Vietnam. Band 1, Berlin (Wagenbach) 1969, S. 15)

M 4: Der amerikanische Historiker John Lukacs (1970)

„Schon vor Kriegsende stand es außer Frage, dass Russland als eine der großen Weltmächte aus dem Krieg hervorgehen würde. Es war klar, dass es nicht nur sein Ansehen, sondern in noch stärkerem Maße seine Macht und seine Besitzungen vermehren würde; es stand ebenfalls außer Frage, dass sein Hauptehrgeiz nicht das internationale Prestige des Kommunismus betraf, sondern in erster Linie auf die Beherrschung Osteuropas gerichtet war. [...] Es stand außer Frage, dass die Westalliierten in Anbetracht des großen russischen Beitrags zum Kriege und ihrer eigenen geographischen Lage es nicht würden umgehen können, einzelne der russischen Forderungen zu erfüllen. Die Tragödie war, dass sie – insbesondere die Vereinigten Staaten – der Situation erst ins Gesicht sahen, als es schon zu spät war, denn die Russen besaßen bereits größere Gebiete, als ihre Verbündeten und vielleicht auch sie selbst jemals erwartet hatten. [...] Hier liegt der Ursprung des Kalten Krieges."

(John Lukacs, Konflikte der Weltpolitik nach 1945. Der Kalte Krieg, München (dtv) 1970, S. 17f.)

M 5: Der deutsche Historiker Alexander Fischer (1982)

„Maßgebliche Bedeutung für die Entstehung und die Unvermeidbarkeit des Kalten Krieges hat die dynamische Grundkonzeption der sowjetischen Außenpolitik für den westlichen Rest Europas. Die Politik Moskaus beschränkte sich nicht darauf, westlich der sowjetischen Einflusssphäre Resteuropa militärisch und politisch ohnmächtig zu halten, um dort keinerlei Machtzentren aufkommen zu lassen. Die sowjetische Nachkriegspolitik war im Wesentlichen von der „Konzeption eines sozialistischen Europas" bestimmt. [...] Unter der Voraussetzung konzipiert, dass das militärische Engagement der USA nicht von Dauer sein würde und sowohl Großbritannien als auch Frankreich eine nachhaltige bzw. entscheidende Schwächung ihrer Großmachtposition erfahren hatten, ging die sowjetische Führung davon aus, dass die UdSSR imstande und als siegreiche Großmacht auch im Recht sei, das Machtvakuum in Europa auszufüllen. [...] Die expansionistische Europa-Konzeption Moskaus wurde erst in dem Moment fallen gelassen, als die Westmächte der Stalinschen Strategie der sukzessiven Expansion Widerstand entgegensetzten."

(Bericht über die 34. Versammlung deutscher Historiker in Münster 1982. Stuttgart (Klett) 1984, S. 138)

M 6: Ursachen des Kalten Kriegs – Der „traditionelle" Erklärungsansatz (z. B. John Lukacs, Boris Meissner, Alexander Fischer)

„Nach Ansicht dieser Autoren waren für die Entstehung des Kalten Krieges die marxistische Ideologie in ihrer sowjetischen Interpretation mit ihrem Anspruch auf Weltrevolution als Ergebnis eines weltweiten Klassenkampfes, die historischen Erfahrungen der Sowjetführung mit einer extrem feindlichen, auf die Beseitigung des Sowjetregimes hinarbeitenden Umwelt in den Jahren 1918 – 1921 und die Sorge der sowjetischen Parteioligarchie um den Erhalt ihrer Macht in einer Mobilisierungs- und Entwicklungsdiktatur konstitutiv: Sie legten die Sowjetführung auf eine prinzipiell feindliche Politik gegenüber den kapitalistischen Staaten fest, die sich zwar zeitweilig vorsichtig-pragmatisch des Mittels friedlicher Zusammenarbeit bediente (Koexistenz-Doktrin), zugleich aber ständig nach Möglichkeiten Ausschau hielt, die nichtkommunistischen Kräfte zu schwächen und den von Moskau dominierten kommunistischen Machtbereich zu vergrößern. [...]

Die Führungskräfte der westlichen Welt [...] verkannten zunächst den ambivalenten und potenziell expansiven Charakter der sowjetischen Politik. In einer Mischung aus idealistischer Hoffnung auf eine Demokratisierung des Sowjetsystems und resignativer Befürchtung, dass ein längerfristiges amerikanisches Engagement in Europa sich in den USA innenpolitisch nicht durchsetzen lassen werde, waren sie bereit, Stalins Streben nach sowjetfreundlichen Nachbarstaaten als legitimes sowjetisches Sicherheitsinteresse anzuerkennen [...]. Erst mit der sowjetischen Weigerung, auf all diese Kooperationsangeboten einzugehen, wurde die Spaltung Europas und die Bildung zweier Machtblöcke unvermeidlich."

(Wilfried Loth, Die Teilung der Welt 1941 – 1955. München (dtv) 1980, S. 11–13)

M 7: Ursachen des Kalten Kriegs – Der „revisionistische" Erklärungsansatz (z. B. William A. Williams, Gabriel Kolko, David Horowitz)

„Die Sowjetunion, so lautet die übereinstimmende Kritik dieser Autoren an der traditionellen These, kann nicht für die Entstehung des Kalten Krieges verantwortlich gemacht werden; sie war im Zweiten Weltkrieg nur knapp der militärischen Katastrophe entgangen, hatte einen unendlichen Verlust an Menschen und Ressourcen erlitten und stand bei Kriegsende der ökonomisch prosperierenden, traditionell antisowjetischen und nun über das Atomwaffenmonopol verfügenden Weltmacht USA nahezu hilflos gegenüber. Die sowjetische Politik, seit Stalins Machtübernahme eindeutig eher an der Sicherung des russischen Staates als an der Einlösung des weltrevolutionären Anspruchs interessiert, zielte wohl auf die Schaffung eines Sicherheitsglacis nicht-sowjetfeindlicher Staaten, insbesondere im osteuropäischen Raum, und auf die definitive Sicherung vor einem neuen deutschen Angriff; diese Ziele waren jedoch nicht a priori mit dem Konzept einer außengelenkten Sowjetisierung verbunden [...]. Die Ursachen der Konfrontation sind vielmehr in der Struktur des ökonomisch-politischen Systems der Vereinigten Staaten zu finden. Zur Vermeidung existenzieller Krisen war die liberal-kapitalistische Gesellschaft der USA seit ihrer Entstehung auf die permanente Erschließung neuer Handels- und Absatzmärkte und damit indirekt auch auf Ausdehnung ihres politischen Einflussbereiches angewiesen [...]. Obwohl die handelspolitischen Interessen der USA in Osteuropa vergleichsweise gering waren, glaubten die amerikanischen Führungskräfte, auch in diesem Raum nicht auf eine Politik der Offenen Tür verzichten zu können, die die liberal-kapitalistische Ordnung und den amerikanischen Einfluss langfristig sichern sollte. Die Sowjetführung konnte eine solche Bedrohung ihrer elementaren Sicherheitsinteressen nicht akzeptieren."

(Wilfried Loth, Die Teilung der Welt 1941 – 1955. München (dtv) 1980, S. 14–16)

M 8: Der deutsche Historiker Wilfried Loth (1982)

"Dass die Ausweitung der sowjetischen wie der amerikanischen Einflusszone bis in die Mitte des europäischen Kontinents zu einem bipolaren Ost-West-Spannungssystem führen würde, war trotz der ideologisch begründeten Befürchtungen zunächst keineswegs abzusehen. [...] Erst der beiderseitige Mangel an Bereitschaft, neben der Realisierung ihrer spezifischen Interessen auch dem Ziel friedlicher Zusammenarbeit einen hohen Eigenwert beizumessen, führte, durch wechselseitige Fehleinschätzungen der gegnerischen Absichten und Möglichkeiten noch verstärkt, zum Verfall der gemeinsamen „One-World"-Politik der Siegermächte, kaum dass diese mit der Schaffung der UNO 1945 institutionellen Charakter erhalten hatte. Durch die Kriegsfolgen an den Rand der wirtschaftlichen Katastrophe gedrängt, sah sich die Sowjetunion mit einer starken, wirtschaftlich weltweit expandierenden und über das Atomwaffenmonopol verfügenden Weltmacht USA konfrontiert; Stalin und seine Mitarbeiter folgerten daraus, dass die Sowjetmacht erneut – wenn auch nicht akut, so doch potenziell – bedroht sei, dass die Verteidigungskraft des Landes wiederhergestellt werden müsse, dass strategisch die günstigsten Ausgangspunkte für eine mögliche neue Konfrontation gesucht werden müssten. Von verbalen Zugeständnissen an die westlichen Demokratie- und Open-door-Forderungen auf der Konferenz von Jalta (Februar 1945) unbeirrt, suchten sie daher die sowjetische Dominanz in allen von sowjetischen Truppen besetzten Teilen Ost- und Mitteleuropas definitiv zu sichern – durch Einsetzung kommunistisch dominierter Regierungen (Polen, Rumänien, sowjetische Besatzungszone Deutschlands), Westverschiebung der polnischen Grenzen, Bündnisverträge, die die Schaffung einer „antifaschistischen" Ordnung völkerrechtlich festlegen, drakonische Strafmaßnahmen gegen „bürgerliche" Kräfte, Vertreibungen, Zerschlagung der herkömmlichen Produktionsstrukturen und ökonomische Ausbeutung zugunsten der Sowjetmacht. Zugleich stärkten sie die sowjetischen Positionen im Mittelmeerraum (Iran, Türkei, Griechenland) und in Asien (Nordkorea, Mandschurei) und trieben sie die Sowjetbevölkerung zu gewaltigen Wiederaufbau- und fortgesetzten Rüstungsanstrengungen. Eine Demobilisierung ihrer Streitkräfte (von 12,3 Millionen Mann 1945 auf 2,8 Millionen 1947) konnten sie freilich ebenso wenig vermeiden wie die USA.
Die sowjetische Präventivpolitik rief bei dem amerikanischen Gegenspieler genau jene Reaktion hervor, der sie zuvorzukommen suchte: Von einem seit 1944 zusehends lauter werdenden Ruf nach „Festigkeit" gegenüber sowjetischer Machtausweitung in der amerikanischen Öffentlichkeit unterstützt, versuchte die Truman-Administration vom Sommer 1945 an, ihr Atomwaffenmonopol und die sowjetische Kreditbedürftigkeit zur Durchsetzung ihrer Vorstellungen von einer Friedensordnung zu nutzen. Eine Revision der sowjetischen Faits accomplis zu erzwingen, erwies sich freilich als unmöglich; der amerikanische Entschluss, weitere Zugeständnisse zu verweigern, führte lediglich dazu, dass auf den Alliierten Außenministerratstagungen die Gegensätze zwischen den beiden Weltmächten immer mehr als unüberbrückbar erschienen, insbesondere in der Deutschlandfrage, wo die UdSSR auf Mitspracherecht auch in den westlichen Besatzungszonen und Nutzung des deutschen Potenzials zum sowjetischen Wiederaufbau drängte, die USA dagegen nach einer Phase anfänglicher Unsicherheit auf rasche ökonomische Stabilisierung. [...] Mit der sowjetischen Entscheidung gegen den Marshall-Plan (Juli 1947) begann die Eskalationsphase des Kalten Kriegs, die 1947 – 52 die Blockbildung definitiv werden ließ."

(Wilfried Loth, Kalter Krieg, in: W. Woyke (Hg.), Handwörterbuch Internationale Politik. Opladen (Leske + Budrich) 1980, S. 204–206)

M 9: Der deutsch-amerikanische Historiker Fritz Stern (1991)

„Nach 1945 wurde im westlichen Europa der Weg zur Wahrheit wieder frei und wenn man sich auch den Schrecken der Vergangenheit erst nur widerwillig stellte, so war doch hier ein neues Europa im Entstehen. Wie aber sah es im Osten aus? Jahrzehntelang blieb die Sowjetunion isoliert; die Grenzen waren versiegelt und mit Hilfe der modernen Technik konnte dort die Abkapselung sogar noch perfektioniert werden – indem die Staatsorgane beispielsweise ausländische Radiosendungen störten. Was es in den ersten drei Jahren nach Kriegsende an Hoffnungen oder Illusionen auch gab: 1948 wurde jedenfalls klar, dass Stalin entschlossen war, seine totalitäre Herrschaft über die Länder Osteuropas auszubauen. Im Sog der Roten Armee ergriffen kommunistische Regime die Macht. Überall entwickelten sich riesige kommunistische Parteien, ebenso ein alles kontrollierender, privilegierter Apparat und schließlich die Herrschaft der Nomenklatura. Der Alptraum totalitärer Herrschaft legte sich nun von Wladiwostok bis zur Elbe über die Erde.
Ja, 1989 war diese Kette der Schrecken wirklich zerbrochen."

(Die Zeit, Nr. 51, 13.12.1991)

M 10: Der deutsche Historiker Wilfried Loth (1992)

„Für das Verständnis des Kalten Krieges ist die Einsicht zentral, dass die Furcht vor dem Übergriff der Gegenseite auf

die eigene Sicherheitssphäre nicht nur mehr oder weniger übertrieben, sondern in der Substanz unbegründet war. Diese Einsicht ist nicht unumstritten. Sie fällt auch nicht jedermann leicht, weil sie dazu zwingt, von den vertrauten Illusionen und Legitimationen Abschied zu nehmen, die sich in der Zeit des Kalten Krieges festgesetzt haben. Sie ist aber gut belegt und wird durch die Fakten, die nach dem Ende des Ost-West-Konfliktes zutage treten, zusätzlich erhärtet. [...]
In der Tat ging die Sowjetunion aus dem Zeiten Weltkrieg bei allem strategischen Geländegewinn als ein zutiefst geschwächtes Land hervor: Nach neuesten sowjetischen Angaben hatten mindestens 27 Millionen Menschen ihr Leben gelassen, vielleicht sogar noch mehr. Der von den Deutschen besetzte Teil des Landes war weitgehend verwüstet und ausgeplündert. Die Landwirtschaft war so desorganisiert, dass 1946 in der Ukraine und in Weißrussland Hungersnot herrschte; das Industrialisierungsprogramm war um viele Jahre zurückgeworfen. Deutlicher als die Zeitgenossen, die unter den Nachwirkungen der antibolschewistischen Propaganda und dem Schock des Vorrückens der Roten Armee standen, sehen wir nach dem Zusammenbruch des Sowjetimperiums, dass die UdSSR durch den Kalten Krieg in eine Weltmachtrolle hineinmanövriert wurde, in der sie hoffnungslos überfordert war. [...]
Der Export der bolschewistischen Revolution stand für ihn [Stalin] nicht auf der Tagesordnung. [...]
Die USA haben die Chance für die Schaffung einer kooperativen Nachkriegsordnung, die in der pragmatisch-vorsichtigen, auf Kooperation mit den Westmächten setzenden Nachkriegspolitik Stalins steckte, freilich nicht genutzt. Außenpolitisch wenig erfahren und auf die Vereinfachung komplizierter internationaler Sachverhalte gegenüber einem idealistisch gesonnenen Publikum angewiesen, missdeuteten die amerikanischen Verantwortlichen die Repressionen im Machtbereich der Roten Armee als Ausdruck eines grundsätzlichen sowjetischen Eroberungswillens, der an den bei Kriegsende gezogenen Demarkationslinien nicht halt machen würde. [...] Insofern waren es tatsächlich die USA, die den ersten und entscheidenden Anstoß zur Entwicklung das Kalten Krieges gaben. [...]
Die sowjetische Führung hatte wesentlichen Anteil am Scheitern einer kooperativen Nachkriegsordnung – zunächst und vor allem natürlich durch die vielfältigen Formen der Repression, der Manipulation, des Drucks und der politischen Verfolgung, zu der sie in ihrem Machtbereich immer dann griff, wenn sie anders nicht mehr zurechtzukommen glaubte. [...] Der „gewöhnliche Stalinismus", auf den unteren Ebenen oft ohne Bedenken der strategischen Zusammenhänge praktiziert, zudem stets mit dem Klassenkampf-Argument zu rechtfertigen, trug dazu bei, das sowjetische Imperium vom Westen abzuschotten, und lieferte all jenen im Westen wohlfeile Argumente, die einer Politik der Konfrontation das Wort redeten.
Ebenso trug die sowjetische Rhetorik dazu bei, dass die These vom sowjetischen Expansionismus rasch an Glaubwürdigkeit gewann. In den Verhandlungen mit den Westmächten legten die sowjetischen Vertreter soviel misstrauische Hartnäckigkeit an den Tag, dass die gleichzeitigen Freundschaftsbeteuerungen als Einschläferungstaktik eines machthungrigen Gegenspielers erscheinen mussten. Mit der Gründung des Kominform im Herbst 1947 setzte eine dogmatische Verhärtung des sowjetischen Kurses ein, die den Warnern vor ideologischem Fanatismus nachträglich Recht zu geben schien.
Im übrigen wurde der Kalte Krieg nicht von den USA und der Sowjetunion alleine geführt; angesichts der Ambivalenzen der amerikanischen wie der sowjetischen Politik spielten oft auch die westlichen Europäer eine entscheidende Rolle. [...] Die Beschlüsse zur Bildung des Atlantikpakts (April 1949) sowie zur Schaffung der integrierten NATO-Streitmacht für Europa (Dezember 1950) gehen eindeutig auf das Drängen der Europäer zurück; die Amerikaner hielten eine militärische Bedrohung des westlichen Europas zunächst nicht für gegeben und verstanden ihr Engagement, auch nachdem sie schließlich eingewilligt hatten, nur als vorläufig.
Insgesamt hat es also eine Fülle von Weichenstellungen in Richtung auf den Kalten Krieg gegeben. Es kann daher keine Rede davon sein, dass die Konfrontation aufgrund des Systemgegensatzes zwischen Ost und West unvermeidlich gewesen sei. Wer so argumentiert – und das tun, nicht zuletzt weil es politisch ganz bequem ist, viele –, leugnet die Offenheit der Geschichte und verwischt die Verantwortlichkeiten. Gewiss war der Kalte Krieg kein bloßes Missverständnis. Bei den vielen Gegensätzen zwischen liberaldemokratischer Demokratie amerikanischer Prägung und sowjetkommunistischer Mobilisierungsdiktatur und dem missionarischen Anspruch der beiden Hauptsieger des Zweiten Weltkriegs war ihre Konfrontation von vornherein wahrscheinlich und die Spaltung Europas in gegensätzliche Einflusssphären auf jeden Fall die bequemere Lösung. Fremdheit, Neigung zu ideologischer Verallgemeinerung und Unerfahrenheit im Umgang mit fremden Mächten erschwerten die Verständigung zusätzlich. Aber notwendig war die Konfrontation in der Form, in der wir sie kennen, deswegen noch lange nicht."

(Wilfried Loth, Was war der Kalte Krieg? Annäherungen an ein unbewältigtes Erbe, in: Dieter Vorsteher (Hg.), Deutschland im Kalten Krieg 1945 – 1963. Berlin (Argon) 1992)

M 11: Der britische Historiker Eric Hobsbawm (1994)

„Der Kalte Krieg hatte die internationale Szene in dreierlei Hinsicht umgestaltet. Erstens hatte er alle jene Rivalitäten und Konflikte eliminiert oder überschattet, die die Weltpolitik vor dem Zweiten Weltkrieg geprägt hatten. [...] Zweitens hatte der Kalte Krieg die internationale Lage eingefroren und damit auch den relativ ungefestigten und eigentlich nur provisorischen Stand der Dinge stabilisiert. Deutschland steht dafür als bestes Beispiel. [...] Außer in Europa war der Kalte Krieg kein Zeitalter, in dem Heiße Kriege vergessen waren. Zwischen 1948 und 1989 war kaum ein Jahr ohne einen ernsten bewaffneten Konflikt irgendwo vergangen. Doch die meisten Konflikte wurden kontrolliert oder erstickt, aus Angst, dass sie einen offenen, also atomaren Krieg zwischen den Supermächten provozieren könnten. [...] Drittens hatte der Kalte Krieg die Welt in einem Maß mit Waffen angefüllt, das jeder Beschreibung spottet. Das war natürlich nur die logische Folge aus vierzig Jahren, in denen die großen Industriestaaten einen permanenten Wettlauf um die Aufrüstung für einen Krieg geführt hatten, der angeblich jeden Moment ausbrechen konnte, und in denen die Supermächte darum konkurrierten, Freunde zu gewinnen und Völker zu beeinflussen, indem sie Waffen über den ganzen Globus verteilten – ganz zu schweigen vom vierzig Jahre lang herrschenden „Low-intensity"-Krieg, mit gelegentlichen Explosionen zu einem großen Konflikt. [...] Die Konsequenzen aus dem Ende des Kalten Krieges wären wahrscheinlich in jedem Fall enorm gewesen, selbst wenn dieses Ende nicht mit einer großen Krise der kapitalistischen Weltwirtschaft und der Endkrise der Sowjetunion und ihres Systems zusammengetroffen wäre. [...] Das Ende des Kalten Krieges erwies sich nicht als das Ende des internationalen Konflikts, sondern als das Ende einer ganzen Ära – und das nicht nur für den Osten, sondern für die ganze Welt. Es gibt historische Augenblicke, die selbst von Zeitzeugen als Marksteine eines Epochenendes erkannt werden können. Die Jahre um 1990 waren eindeutig ein solcher säkularer Wendepunkt gewesen. Doch während jeder sehen konnte, dass das Alte zu Ende gegangen war, herrschte über den Charakter und die Aussichten des Neuen tiefe Ungewissheit."

(Eric Hobsbawm, Zeitalter der Extreme. Weltgeschichte des 20. Jahrhunderts. München (Hanser) 1995, S. 318–320, 323)

Die politischen Repräsentanten der Anti-Hitler-Koalition: Winston Churchill, Harry S. Truman und Josef W. Stalin bei der Potsdamer Konferenz im Juni 1945.

Materialien zu Projektphase 5/6: Der „Kalte Krieg" und seine Überwindung 1947–1991

1. Der Zerfall der Anti-Hitler-Koalition

M 1: Aus dem Bericht des britischen Außenministers Eden über sein Gespräch mit dem sowjetischen Botschafter Maisky am 31.8.1943

„Maisky führte des weiteren aus, es gebe zwei mögliche Wege, Europa nach dem Krieg zu organisieren. Entweder könnten wir übereinkommen, dass jeder eine Interessensphäre habe, die Russen im Osten und wir und die Amerikaner im Westen. Er seinerseits glaube nicht, dass dies ein guter Plan sei, aber wenn er angewandt würde, sollten wir die Freiheit haben, die Russen von der Mitwirkung an den französischen Angelegenheiten, im Mittelmeer und so weiter auszuschließen, und die Russen würden eine ähnliche Freiheit im Osten für sich beanspruchen. Wenn andererseits wir beide und die Vereinigten Staaten übereinkämen, Europa als Einheit zu betrachten, was seine Regierung nachdrücklich bevorzuge, dann müsse jeder dem anderen das Recht zubilligen, ein Interesse in allen Teilen Europas zu haben. Wenn wir uns um die Tschechoslowakei und um Polen kümmerten, dann müssten wir auch das russische Interesse an Frankreich und dem Mittelmeerraum verstehen."

(zit. nach Klaus von Beyme/Ernst-Otto Czempiel/Peter Graf Kielmannsegg (Hg.), Funkkolleg Politik 11, Weinheim (Beltz) o.J., S. 65)

M 2: Stalin am Ende des Zweiten Weltkriegs

„Dieser Krieg ist nicht wie in der Vergangenheit; wer immer ein Gebiet besitzt, erlegt ihm auch sein eigenes gesellschaftliches System auf. Jeder führt sein eigenes System ein, so weit seine Armee vordringen kann. Es kann gar nicht anders sein."

(zit. nach Milovan Djilas, Gespräche mit Stalin. Frankfurt/Main (Fischer) 1962, S. 146)

M 3: US-Präsident Roosevelt zum bevorstehenden Kriegsende (6. 1. 1945)

„Je näher der Tag des Sieges über unsere Feinde rückt, um so unausbleiblicher ist es, dass wir uns mancher Unterschiede zwischen den Siegern bewusst werden. Wir dürfen es nicht zulassen, dass diese Unterschiede uns trennen und uns den Blick für unsere wichtigeren gemeinsamen, fortdauernden Interessen trüben, die auf das Gewinnen des Krieges und auf die Schaffung des Friedens gerichtet sind. Die internationale Zusammenarbeit, auf die sich ein dauerhafter Friede gründen muss, ist keine Einbahnstraße. Nationen sind wie einzelne Menschen; ihre Ansichten und Gedanken sind nicht immer die gleichen und internationale Zusammenarbeit wie internationaler Fortschritt werden nicht dadurch gefördert, dass eine Nation sich einredet, sie besäße ein Monopol auf Weisheit oder auf Tugend. In der Welt der Zukunft darf der Missbrauch der Macht, wie er in dem Begriff „Machtpolitik" zum Ausdruck kommt, nicht ein bestimmender Faktor in den Beziehungen zwischen den Staaten sein.[...]

Internationaler Friede und Wohlstand können ebenso wie nationaler Friede und Wohlstand nur durch Institutionen gesichert werden, die lebens- und entwicklungsfähig sind. Schon jetzt, ehe noch der Krieg beendet ist, stehen wir vielen der Probleme des Friedens gegenüber. Die Atmosphäre der Freundschaft und gegenseitigen Vertrauens sowie des festen Willens, dem gegenseitigen Verstehen eine gemeinsame Basis zu verschaffen [...], lässt uns hoffen, dass es in künftigen Konferenzen gelingen wird, das demokratische, ein einheitliches Ganzes bildende System der Weltsicherheit zu schaffen."

(Keesings Archiv der Gegenwart, 6.1.1945, S. 20)

M 4: Premierminister Churchill an US-Präsident Truman (12. 5. 1945)

„1. [...] Die Lage in Europa beunruhigt mich zutiefst. Ich erfahre, dass die Hälfte der in Europa stationierten amerikanischen Fliegerkräfte bereits die Verlegung nach dem Fernen Osten eingeleitet hat. Die Zeitungen sind voll von Nachrichten über den massiven Abzug der amerikanischen Armeen aus Europa hinaus. [...]

2. Was aber soll dann in Bezug auf Russland geschehen? [...] Wie wird sich die Lage in ein bis zwei Jahren darstellen, wenn die britischen und amerikanischen Armeen nicht mehr existieren und die Franzosen noch keine beachtliche Armee aufgestellt haben, so dass wir nur über eine Handvoll von Divisionen, davon die Mehrzahl französische, verfügen, während Russland zwei- bis dreihundert unter den Fahnen hält?

3. Ein eiserner Vorhang ist vor ihrer Front niedergegangen. Was dahinter vorgeht, wissen wir nicht. Es ist kaum zu bezweifeln, dass der gesamte Raum östlich der Linie

Lübeck – Triest – Korfu schon binnen kurzem völlig in ihrer Hand sein wird. Zu all dem kommen noch die weiten Gebiete, die die amerikanischen Armeen zwischen Eisenach und der Elbe erobert haben, die aber, wie ich annehmen muss, nach der Räumung durch Ihre Truppen in ein paar Wochen gleichfalls der russischen Machtsphäre einverleibt sein werden. [...]

4. Die Aufmerksamkeit unserer Völker aber wird sich mit der Bestrafung Deutschlands, das ohnehin ruiniert und ohnmächtig darniederliegt, beschäftigen, so dass die Russen, falls es ihnen beliebt, innerhalb sehr kurzer Zeit bis an die Küsten der Nordsee und des Atlantik vormarschieren können."

(Winston S. Churchill, Der Zweite Weltkrieg, Bd. 6,2: Der Eiserne Vorhang. Bern (Scherz) 1954, S. 262ff.)

2. Der Beginn des atomaren Zeitalters

M 1: Der Physiker Robert Oppenheimer, der an der Entwicklung der amerikanischen Atombombe maßgeblich beteiligt war, berichtet über die erste Testzündung in der Wüste von New Mexico am 17.7.1945

„Die Bombe wurde an einem gewaltigen Stahlturm aufgehängt und mit einer Vorrichtung zur Auslösung der Explosion versehen. Als die Explosion zur festgesetzten Zeit erfolgte, übergoss ein riesiger Blitz die ganze Umgebung mit einem blendenden weißen Licht. Von einem Bergrücken, der fünf Kilometer von dem Beobachtungspunkt entfernt war, waren nur noch die Umrisse zu sehen. Der Luftdruck beschädigte noch in 300 Kilometern Entfernung im südlichen Arizona Fenster und Häuser. Ein blindes Mädchen in 190 Kilometern Entfernung von der Explosionsstelle nahm den Blitz wahr, bevor ein Geräusch zu vernehmen war. Dem Blitz folgte ein donnerähnliches fortgesetztes Dröhnen mit schnellen harten Luftdruckstößen, die noch Leute in zehn Kilometern Entfernung umwarfen. Dann sahen die Beobachter, wie sich eine mächtige vielfarbene Staubwolke über dem ganzen Versuchsgebiet ausbreitete und zwölf Kilometer hoch zum Himmel auftürmte. In fünf Minuten erreichte sie die Substratosphäre, worauf sie vom Wind weggetrieben wurde. Der Versuch war geglückt. Noch benommen, aber glücklich über den Erfolg, begaben sich die Experten in Stahlpanzern nach der Stelle, wo die Bombe explodiert war. Der Stahlturm war in Gas aufgelöst und verschwunden und ein gähnender Krater klaffte an seiner Stelle."

(Archiv der Gegenwart, 1945, S. 350; zit. nach Helmut Krause/Karlheinz Reif, Die Welt seit 1945. München (bsv) 1984, S. 678f.; (= Geschichte in Quellen, Band VII, hrsg. v. Wolfgang Lautemann und Manfred Schlenke)

M 2: Der Historiker Raymond Cartier über den ersten Abwurf einer Atombombe über Hiroshima am 6.8.1945

„Von Hiroshima waren nur die Gerippe einiger Betongebäude stehen geblieben. Am Angriffstag hatte die Stadt ihren Arbeitstag begonnen. Wie gewöhnlich war beim Überfliegen einzelner Flugzeuge zwar Alarm, kurz darauf jedoch Entwarnung gegeben worden. Ein fürchterlicher Blitz hatte sie eingehüllt und einen Riesenbrand verursacht, der in Sekundenschnelle um sich griff. Die Straßenbahnen waren stehen geblieben, voll mit verkohlten, auf den Bänken zusammengedrängten oder auf den Plattformen stehenden Fahrgästen. Ein Sturmwind von 1200 Kilometern Geschwindigkeit je Stunde hatte sich erhoben, die Mauern in 1500 Metern Umkreis niedergelegt und die Fenster bis

Die japanische Stadt Nagasaki mit 173 000 Einwohnern nach dem Abwurf der amerikanischen Atombombe „Fat Man" am 9. August 1945.

auf 12 Kilometer Entfernung vom Punkt Null zerbrochen. Ein Feuerzyklon, ähnlich wie ihn die Hunderte Bomber in Dresden, Hamburg oder Tokio entfacht hatten, hatte sechs Stunden lang gewütet. Dann hatte man an den Überlebenden seltsame Phänomene festgestellt: Erbrechen, Durchfälle von außerordentlicher Stärke, eine Vielzahl von kleinen Blutungen in Mund und Hals. Viele Opfer mit diesen Symptomen lagen im Sterben. Die später aufgestellte Bilanz ergab 78 150 Tote, 9 284 Schwerverletzte und 13 938 Vermisste. Darin waren die 40 000 Soldaten nicht mitgezählt, von denen vielleicht die Hälfte der Explosion zum Opfer fielen. Das Armeehauptquartier, der Sitz des Oberkommandos West, die Schule und das Militärspital waren vernichtet."

(Raymond Cartier, Der Zweite Weltkrieg. Bd. 1,2. München (Piper) 1967, S. 1053f.)

M 3: Aus dem Bericht des Opfers Tamiki Hara (geb. 1905 in Hiroshima, 1951 Selbstmord)

„In der Frühe, gegen 8 Uhr, stand ich am 6. August 1945 auf. Am letzten Abend war zweimal Luftalarm gegeben worden, doch es kam kein Angriff. [...] Plötzlich traf mich jetzt ein Schlag auf den Kopf und vor meinen Augen wurde es finster. Ich schrie laut und hob die Hände, doch in der Dunkelheit hörte ich nur einen Sturm herabsausen, sonst verstand ich nichts. Meine eigenen Rufe hörte ich wie die Stimme eines anderen Menschen. Als dann, wenn auch verschwommen, erkennbar wurde, wie die Umwelt aussah, war mir zumute, als ob ich mitten auf der Bühne eines schweren Unglücks stünde. Hinter den dicken Wolken von Staub erschien ein blauer Raum, immer mehr Räume tauchten auf. [...] Ich traf meinen zweitältesten Bruder, dessen Gesicht mit einer grauen Spur, wie mit dünner Tusche von einem Pinselstrich, gezeichnet war, sein Hemd hing zerrissen über den Rücken. Aus der Wunde, die wie ein Sonnenbrand im Seebad aussah, wurde später eine Eiterung, die lange ärztliche Pflege erforderte. Damals jedoch war er noch ziemlich frisch und munter. Als ich mit ihm nun den schmalen Steinsteg dem Wasser entlang stromaufwärts ging, um eine Fähre zu finden, sah ich Scharen unbeschreiblich entstellter Menschen. Die sinkende Sonne ließ die Landschaft erblassen; oberhalb sowie unterhalb des Ufers befanden sich solche Leute und warfen Schatten auf das Wasser. Die Gesichter waren unsagbar aufgeschwollen, so dass kaum zu erkennen war, ob es sich bei diesen

Menschen um Männer oder Frauen handelte, die Augen schienen schmal wie ein Faden, die Lippen äußerst entzündet. Die Menschen lagen in den letzten Zügen, ihre schmerzenden Körper waren entblößt. [...] An einem Tisch trank ein großer, schwarzgebrannter Kopf warmes Wasser aus einer Teetasse. Das riesengroße, seltsame Gesicht sah aus, als bestehe es aus lauter schwarzen Sojabohnen. Außerdem war das Haar in Höhe der Ohren genau waagrecht abgeschnitten. Später, nachdem ich immer wieder Gebrannte mit dem waagrecht geschnittenen Haar traf, begriff ich allmählich, dass ihr Haar jeweils bis zum Rand ihres Hutes zerstört war."

(H. Frevert/M. Christadler, Masken des Krieges. Baden-Baden (Signal) 1979, S. 100 – 103)

M 4: Der amerikanische Schriftsteller John Hersey in einem Tatsachenbericht über die Folgen des Hiroshima-Abwurfs für die Opfer (1946)

„Auf der Landzunge fand Tanimoto [ein Pfarrer] ungefähr zwanzig Frauen und Männer. Er fuhr mit dem Kahn auf den Strand auf und forderte sie auf einzusteigen. Keiner rührte sich und es wurde ihm klar, dass sie zu schwach waren, um sich aus eigenen Kräften zu erheben. Er langte hinunter und ergriff eine Frau an der Hand, aber da schälte sich ihre Haut in großen, handschuhähnlichen Stücken ab. Darüber ward ihm so übel, dass er sich einen Augenblick hinsetzen musste. Dann stieg er ins Wasser hinaus und hob [...] einige Männer und Frauen [...] in sein Boot. Rücken und Brust dieser Menschen waren klebrig und er erinnerte sich mit Schaudern, wie die großen Verbrennungen, die er tagsüber beobachtet hatte, aussahen: erst gelb, dann rot und angeschwollen, wobei die Haut sich abschälte und schließlich abends vereiterte und übelriechend wurde. [...] Dabei musste er sich fortwährend sagen: „Das sind menschliche Wesen." [...]"

(John Hersey, Hiroshima. Zürich (Diana) 1947, S. 93f.)

M 5: US-Präsident Harry S. Truman in einer Radioansprache drei Tage nach der Zerstörung Hiroshimas (9.8.1945)

„Die Regierungen Großbritanniens, Chinas und der Vereinigten Staaten haben das japanische Volk gewarnt vor dem, was ihm bevorsteht. Unsere Warnung wurde in den Wind geschlagen und unsere Kapitulationsbedingungen wurden abgelehnt. Seither konnten die Japaner selbst feststellen, was unsere Atombombe vermag. Die Welt wird Kenntnis davon nehmen, dass die erste Atombombe auf den militärischen Stützpunkt Hiroshima abgeworfen worden ist. Wir wollten nämlich, soweit als möglich, die Tötung von Zivilpersonen vermeiden. Aber dieser Angriff stellt nur ein Vorspiel der kommenden Dinge dar. Wenn Japan nicht kapituliert, müssen weitere Atombomben auf seine Rüstungsindustrie abgeworfen werden und leider werden dann viele Tausende von Zivilisten ihr Leben verlieren. Ich fordere die japanische Zivilbevölkerung auf, unverzüglich die Industriestädte zu verlassen und sich der Vernichtung zu entziehen. Ich gebe mir Rechenschaft ab von der tragischen Bedeutung der Atombombe. Die amerikanische Regierung hat nicht leichten Herzens die Produktion dieser Bombe und ihre Verwendung beschlossen. Wir wussten, dass unsere Feinde Forschungen anstellten, um die Atombombe herstellen zu können. Wir wissen auch, dass ihnen das beinahe geglückt wäre. [...]

Wir haben die Bombe verwendet, um den Krieg abzukürzen und um das Leben tausender junger Amerikaner zu erhalten. Wir werden mit ihrer Verwendung fortfahren, bis wir die Fähigkeit Japans, Krieg zu führen, vollständig zerstört haben. Nur die Kapitulation Japans wird uns aufhalten können. Die Atombombe ist viel zu gefährlich, als das sie einer gesetzlosen Welt preisgegeben werden könnte. Aus diesem Grunde haben Großbritannien und die Vereinigten Staaten, die das Geheimnis ihrer Herstellung kennen, nicht die Absicht, es zu enthüllen bis zu dem Augenblick, wo Mittel zur Kontrolle der Bombe gefunden sind, um uns selbst und die übrige Welt gegen die Gefahr der gänzlichen Zerstörung zu schützen. [...] Auf unseren Schultern lastet eine ungeheure Verantwortung. Wir danken Gott, dass wir und nicht unsere Feinde diese Verantwortung zu tragen haben. Wir bitten Gott, er möge uns bei ihrer Verwendung leiten im Sinne seiner Absichten."

(Archiv der Gegenwart, 1945, S. 361.; zit. nach Helmut Krause/Karlheinz Reif, Die Welt seit 1945. München (bsv) 1984, S. 680f.(= Geschichte in Quellen, Band VII, hrsg. v. Wolfgang Lautemann und Manfred Schlenke)

M 6: US-Unterstaatssekretär Dean Acheson in einer Denkschrift an US-Präsident Truman zur politischen Bedeutung der Atombombe (25.9.1945)

„Zum gegenwärtigen Zeitpunkt muss die Weiterentwicklung der Entdeckung [der Atomkraft], die wir gemeinsam mit Großbritannien und Kanada betreiben, der Sowjetunion als unwiderlegbarer Beweis für ein anglo-amerikanisches Bündnis gegen sie erscheinen. Aus ihrer Sicht gibt es dafür auch noch viele andere Indizien.

Es ist unmöglich, dass eine Regierung, so machtvoll und machtbewusst wie die sowjetische Führung, auf solch eine Situation nicht energisch reagieren wird. Sie muss und wird alle Anstrengungen unternehmen, den Machtverlust, der durch diese Entdeckung entstanden ist, wieder wettzumachen. Sie wird dies tun, falls wir versuchen, in einer Atmosphäre von Misstrauen und Feindschaft weiterhin die Politik des Ausschlusses zu verfolgen, wodurch alle bestehenden Schwierigkeiten nur noch verschlimmert würden. Wenn wir uns als Treuhänder dieser neuen Entwicklung zum Wohle der gesamten Welt erklären, bedeutet das für die Russen nichts anderes als die offene Politik des Ausschlusses.

Die Spannungen in den Beziehungen zur Sowjetunion scheinen insgesamt zuzunehmen. Aber ich vermag nicht einzusehen, weshalb die vitalen Interessen der beiden Nationen sich gegenseitig ausschließen sollten. Jede langfristige Verständigung, die auf Entschlossenheit und Offenheit sowie der gegenseitigen Anerkennung der vitalen Interessen gründet, scheint mir unmöglich zu sein, wenn seitens der anglo-amerikanischen Mächte die Politik verfolgt wird, Russland von der atomaren Entwicklung auszuschließen. Wenn eine solche Verständigung nicht gelingt, wird es keinen geordneten Frieden, sondern nur einen bewaffneten Waffenstillstand geben. [...]

Die Vereinigten Staaten sollten sich – nach Gesprächen mit den Briten – an die Sowjetunion wenden mit der Absicht, ein Programm über den gegenseitigen Austausch von wissenschaftlichen Informationen und Zusammenarbeit bei der Entwicklung der Atomkraft auszuarbeiten."

(U.S. Department of State, Foreign Relations of the United States, 1945, Vol. II, Washington D.C. 1967, S. 49; zit. nach: Albin Atzerodt/ Gebhard Diemer/ Manfred Franze/ Klaus von Schubert, Die Sicherheitspolitik der Bundesrepublik Deutschland im Rahmen des Ost-West-Konflikts. München (Oldenbourg) 1988, S. 83; letzter Absatz zit. nach Klaus von Beyme/Ernst-Otto Czempiel/Peter Graf Kielmannsegg (Hg.), Funkkolleg Politik 11, Weinheim (Beltz) o.J., S. 67)

3. Blockbildung und Kalter Krieg

M 1: Aus dem „langen Telegramm", das George F. Kennan, Berater des US-Botschafters in Moskau, nach Washington schickte (22.2.1946)

„Die Erfordernisse ihrer eigenen vergangenen und gegenwärtigen Position sind es, die die sowjetische Führung dazu zwingen, ein Dogma zu verkünden, nach dem die Außenwelt böse, feindselig und drohend, aber zugleich von einer schleichenden Krankheit gefallen und dazu verurteilt ist, von immer stärker werdenden inneren Kämpfen zerrissen zu werden, bis sie schließlich von der erstarkenden Macht des Sozialismus den Gnadenstoß erhält und einer neuen und besseren Welt weicht. [...] Wo es angezeigt und Erfolg versprechend scheint, wird man versuchen, die äußeren Grenzen der Sowjetmacht zu erweitern. Im Augenblick beschränken diese Bemühungen sich auf gewisse Punkte in der Nachbarschaft, die man hier für strategisch notwendig hält. [...] Alles in allem haben wir es mit einer politischen Kraft zu tun, die sich fanatisch zu dem Glauben bekennt, dass es mit Amerika keinen dauernden Modus Vivendi [Zustand erträglichen Zusammenlebens] geben kann, dass es wünschenswert und notwendig ist, die innere Harmonie unserer Gesellschaft, unsere traditionellen Lebensgewohnheiten und das internationale Ansehen unseres Staates zu zerstören, um der Sowjetmacht Sicherheit zu verschaffen. [...]
Sie arbeitet nicht nach festgelegten Plänen. Sie geht keine unnötigen Risiken ein. Der Logik der Vernunft unzugänglich, ist sie der Logik der Macht in hohem Maße zugänglich. Daher kann sie sich ohne weiteres zurückziehen – und tut das im Allgemeinen –, wenn sie irgendwo auf starken Widerstand stößt. Wenn also dem Gegner genügend Hilfsmittel zur Verfügung stehen und er die Bereitschaft zu erkennen gibt, sie auch einzusetzen, wird er das selten tun müssen. [...]
Viel hängt von der Gesundheit und Kraft unserer eigenen Gesellschaft ab. Der Weltkommunismus ist wie ein bösartiger Parasit, der sich nur von erkranktem Gewebe nährt. Das ist der Punkt, in dem Innen- und Außenpolitik einander begegnen."

(George F. Kennan, Memoiren eines Diplomaten, Band 1, Stuttgart (Goverts) 1968, S. 553ff.)

M 2: Aus einer Rede des ehemaligen britischen Premierministers Winston S. Churchill in Fulton (5.3.1946)

„Ein Schatten ist auf die Erde gefallen, die erst vor kurzem durch den Sieg der Alliierten hell erleuchtet worden ist. Niemand weiß, was Sowjetrussland und die kommunistische internationale Organisation in der nächsten Zukunft zu tun gedenken oder was für Grenzen ihren expansionistischen und Bekehrungstendenzen gesetzt sind, wenn ihnen überhaupt Grenzen gesetzt sind. [...] Vom Stettin an der Ostsee bis hinter nach Triest an der Adria ist ein „Eiserner Vorhang" über den Kontinent gezogen. Hinter jener Linie liegen alle Hauptstädte der alten Staaten Zentral- und Osteuropas: Warschau, Berlin, Prag, Wien, Budapest, Belgrad, Bukarest und Sofia. Alle jene berühmten Städte liegen in der Sowjetsphäre und alle sind sie in dieser oder jener Form nicht nur dem sowjetrussischen Einfluss ausgesetzt, sondern auch in ständig zunehmendem Maße der Moskauer Kontrolle unterworfen. [...] Welches auch die Schlussfolgerungen sind, die aus diesen Tatsachen gezogen werden können, eines steht fest, das ist sicher nicht das befreite Europa, für dessen Aufbau wir gekämpft haben."

(Archiv der Gegenwart, XVI./XVII. (1946), S. 669f.)

Schlagworte – Karikatur von Mirko Szewczuk, westliche Besatzungszonen, 1947.

M 3: Aus einem Interview J.W. Stalins anlässlich der Fulton-Rede Churchills (14.3.1946)

„Frage: Wie schützen Sie die letzte Rede Churchills ein, die er in den Vereinigten Staaten von Amerika hielt?
Stalin: Ich schätze sie als einen gefährlichen Akt ein, der zum Ziele hat, Zwietracht zwischen den verbündeten Staaten zu stiften und ihre Zusammenarbeit zu erschweren.
Frage: Muss man damit rechnen, dass die Rede Churchills der Sache des Friedens und der Sicherheit Schaden zufügt?
Stalin: Ja, unbedingt. Im Grunde genommen nimmt Churchill jetzt die Stellung der Kriegsbrandstifter ein und Churchill steht hierbei nicht allein – er hat nicht nur in England, sondern auch in den Vereinigten Staaten von Amerika Freunde. Man muss bemerken, dass Churchill und seine Freunde in dieser Beziehung auffallend an Hitler und seine Freunde erinnern. [...] Es ist unbezweifelbar, dass die Einstellung Churchills eine Einstellung für den Krieg ist, ein Aufruf zu einem Krieg gegen die UdSSR."

(Tägliche Rundschau, Berlin, Nr. 61 vom 14.3.1946)

M 4: Aus einem Memorandum Clark M. Cliffords, Sonderberater des US-Präsidenten Harry S. Truman (24.9.1946)

„Es ist das oberste Ziel der Politik der Vereinigten Staaten gegenüber der Sowjetunion, die sowjetische Führung davon zu überzeugen, dass es in ihrem Interesse liegt, sich an einem System weltweiter Zusammenarbeit zu beteiligen, dass es keine tieferen Gründe für einen Krieg zwischen unseren beiden Nationen gibt und dass die Sicherheit und der Wohlstand der Sowjetunion und der übrigen Welt durch einen aggressiven militärischen Imperialismus, wie ihn die Sowjetunion zur Zeit verfolgt, bedroht sind.
Aber dieselben Politiker, mit denen wir eine Verständigung über die Grundsätze des internationalen Friedens herbeizuführen suchen, scheinen zu glauben, dass ein Krieg mit den Vereinigten Staaten und den anderen führenden kapitalistischen Staaten unvermeidlich sei. Sie vergrößern ihre militärische Macht und die sowjetische Einflusszone in Vorbereitung auf den „unvermeidlichen" Konflikt und sie versuchen ihre potenziellen Gegner mit allen Mitteln, die ihnen zur Verfügung stehen, zu schwächen und zu unterwandern. Solange diese Männer so etwas glauben, ist es höchst gefährlich den Schluss zu ziehen, dass die Hoffnung auf den internationalen Frieden nur in „Übereinstimmung", „gegenseitiger Verständigung" oder „Solidarität" mit der Sowjetunion liege. [...]
Die Sprache militärischer Stärke ist die einzige Sprache, die Anhänger der Machtpolitik verstehen. Die Vereinigten

Staaten müssen sich dieser Sprache bedienen, damit die sowjetische Führung erkennt, dass unsere Regierung entschlossen ist, die Interessen ihrer Bürger und die Rechte kleiner Nationen zu schützen. Die Sowjets halten Kompromisse und Zugeständnisse für Anzeichen von Schwäche und unsere „Rückzüge" ermutigen sie nur, neue und umfangreichere Forderungen zu stellen. [...]
Die Vereinigten Staaten mit ihrem hauptsächlich aus hochwirksamen technischen Waffen bestehenden militärischen Arsenal sollten alle Vorschläge für Abrüstung oder Rüstungsbegrenzung ablehnen, solange die Möglichkeit einer sowjetischen Aggression besteht. Alle Verhandlungen über Rüstungsbegrenzung müssen langsam und sorgfältig geführt werden, immer in dem Bewusstsein, dass Vorschläge zum Verbot einer atomaren Kriegführung und von Angriffswaffen mit großer Reichweite die Stärke der Vereinigten Staaten stark vermindern würden, während sie die Sowjetunion nur in geringem Ausmaß beträfen. Die Sowjetunion verlässt sich hauptsächlich auf ihre starken Infanterie- und Artilleriekräfte, so dass das Ergebnis einer solchen Rüstungsbegrenzung darin läge, dass die Vereinigten Staaten ihre wirksamsten Waffen verlören, ohne dass die Fähigkeit der Sowjetunion verringert würde, einen schnellen Angriffskrieg gegen Westeuropa, den Mittleren oder den Fernen Osten zu führen.
Auch wenn sich die sowjetische Führung zum Glauben bekennt, dass der Konflikt zwischen Kapitalismus und Kommunismus unüberbrückbar sei und letzten Endes durch den Sieg des Kommunismus gelöst werden müsse, hoffen wir, dass sie ihre Auffassung ändert und mit uns eine faire und gerechte Lösung erarbeitet, wenn sie nämlich erkennt, dass wir zu stark sind, als dass man uns schlagen könnte, und zu fest entschlossen, als dass man uns Angst machen könnte."

(Thomas H. Etzold/John L. Gaddis (Hg.), Containment. Documents on American Policy and Strategy, 1945 – 1950. New York (Columbia University Press) 1978, S. 64 – 71; zit. nach Günter Moltmann, Die Vereinigten Staaten von Amerika von 1917 bis zur Gegenwart. Paderborn (Schöningh) 1987,S. 44f.)

M 5: Aus einer Rede des US-Präsidenten Harry S. Truman in einer gemeinsamen Sitzung von Senat und Repräsentantenhaus (12.3.1947)

„Eines der vornehmsten Ziele der Außenpolitik der Vereinigten Staaten ist die Schaffung von Verhältnissen, unter denen wir und andere Nationen in der Lage sind, ein Leben frei von Zwang zu führen. Dies war der Grundgedanke im Krieg mit Deutschland und Japan. Unser Sieg wurde über Länder errungen, die darauf ausgingen, anderen Nationen ihren Willen und ihre Lebensweise aufzuzwingen. Um eine friedliche Entwicklung der Nationen, frei von Zwang, sicherzustellen, haben die Vereinigten Staaten den größten Anteil bei der Schaffung der Vereinten Nationen übernommen. Die Vereinten Nationen sind dazu ausersehen, dauernde Freiheit und Unabhängigkeit für alle ihre Mitglieder zu ermöglichen. Wir werden jedoch unsere Ziele erst verwirklichen, wenn wir willens sind, freien Völkern bei der Erhaltung ihrer freien Institutionen und ihrer nationalen Integrität gegen Bewegungen zu helfen, die ihnen ein totalitäres Regime aufzwingen wollen. Dies ist nur die Anerkennung der Tatsache, dass totale Regierungsformen, die freien Völkern durch direkte oder indirekte Aggression auferlegt werden, die Grundlagen des internationalen Friedens und damit die Sicherheit der Vereinigten Staaten untergraben.
Den Völkern einer Reihe von Staaten der Welt wurde vor kurzem gegen ihren Willen ein totalitäres Regime aufgezwungen. Die Regierung der Vereinigten Staaten hat wiederholt gegen den in Verletzung des Jalta-Abkommens ausgeübten Zwang und die Einschüchterung in Polen, Rumänien und Bulgarien Protest erhoben. Ich muss außerdem feststellen, dass in einer Reihe anderer Länder eine ähnliche Entwicklung vor sich gegangen ist. Im gegenwärtigen Augenblick der Weltgeschichte muss fast jede Nation zwischen zwei verschiedenen Lebensarten wählen. Zu oft ist die Wahl keine freie. Die eine Art zu leben gründet sich auf den Willen der Mehrheit und zeichnet sich durch freie Institutionen, repräsentative Regierungen, freie Wahlen, Garantien der persönlichen Freiheit, Freiheit der Rede und der Religion und Freiheit von politischer Unterdrückung aus. Die zweite Lebensart hat als Grundlagen den Willen einer Minderheit, die mit Gewalt der Mehrheit gegenüber geltend gemacht wird. Sie stützt sich auf Terror und Unterdrückung, kontrollierte Presse und Rundfunk, von vornherein bestimmte Wahlen und auf die Unterdrückung der persönlichen Freiheit. Ich bin der Ansicht, dass wir den freien Völkern beistehen müssen, ihr eigenes Geschick auf ihre Weise zu bestimmen. Ich glaube, dass unser Beistand in erster Linie in Form von wirtschaftlicher und finanzieller Hilfe gewährt werden sollte, eine Hilfe, die wesentlich ist für die wirtschaftliche Stabilität und ordnungsgemäße politische Entwicklung."

(Archiv der Gegenwart, 1947, S. 1038ff.)

M 6: Aus einer Rede des US-Außenministers George Marshall in der Harvard-Universität (5.6.1947)

„Unsere Politik ist nicht gegen irgendein Land oder eine Doktrin, sondern gegen Hunger, Armut, Verzweiflung und Chaos gerichtet. Ihr Zweck soll es sein, die Weltwirtschaft wiederherzustellen, um das Entstehen politischer und sozialer Verhältnisse zu ermöglichen, unter welchen freie Institutionen existieren können. Jede Regierung, die willens ist, bei der Aufgabe des Wiederaufbaus mitzuwirken, wird, dessen bin ich sicher, seitens der Regierung der Vereinigten Staaten volle Unterstützung erfahren. Eine Regierung, welche den Wiederaufbau anderer Länder zu verhindern sucht, kann keine Hilfe von uns erwarten. Regierungen, politische Parteien oder Gruppen, welche bestrebt sind, das menschliche Elend zu verewigen, um daraus politisch oder in anderer Weise zu profitieren, werden auf den Widerstand der Vereinigten Staaten stoßen.

(Helmut Krause/Karlheinz Reif, Die Welt seit 1945. München (bsv) 1984, S. 370f. (= Geschichte in Quellen, Band VII, hrsg. v. Wolfgang Lautemann und Manfred Schlenke)

Werbeplakat für den Marshall-Plan/European Recovery Program (ERP) zum wirtschaftlichen Wiederaufbau Europas, Bundesrepublik Deutschland 1950 (links). Plakat aus der Sowjetischen Besatzungszone, das zur Ablehnung des Marshall-Plans aufruft, 1948 (rechts).

M 7: George F. Kennan, Leitender Beamter im State Department (Juli 1947)

„Wir werden [...] noch lange Schwierigkeiten mit den Russen haben. Darum brauchen wir aber nicht anzunehmen, dass die Russen auf Biegen und Brechen entschlossen sind, unsere Gesellschaftsordnung bis zu einem bestimmten Termin zu stürzen. Die Theorie von der Unabwendbarkeit des Untergangs des Kapitalismus hat den Vorzug, dass es mit diesem Finale keine Eile hat. [...]

Unter diesen Umständen liegt es auf der Hand, dass die Politik der Vereinigten Staaten der Sowjetunion gegenüber in erster Linie und auf lange Zeit hinaus darauf gerichtet sein muss, Russlands Expansionstendenzen geduldig, aber wachsam und fest in Schranken zu halten. [...] Unser Land muss auch in Zukunft davon ausgehen, dass die Politik der Sowjetunion nicht von abstrakter Friedensliebe und dem Wunsch nach Stabilität, nicht von einem Glauben an die Möglichkeit eines dauernden glücklichen Nebeneinanderexistierens der sozialistischen und der kapitalistischen Welt diktiert ist, dass sie vielmehr [...] ihre Bemühungen fortsetzen wird, alle mit ihr rivalisierenden Einflüsse und Kräfte zu desorganisieren und zu schwächen. Dem steht entgegen, dass Russland im Vergleich zu der westlichen Welt als Ganzem der bei weitem schwächere Teil ist, dass die Sowjetpolitik äußerst anpassungsfähig ist und dass die Sowjetgesellschaft Schwächen aufweist, die schließlich ihr ganzes Kräftepotenzial beeinträchtigen können. Schon diese Tatsachen würden es rechtfertigen, wenn die Vereinigten Staaten getrost einen politischen Kurs einschlügen, der darauf abzielte, Russland entschlossen in Schranken zu halten und ihm mit unbeugsamer Kraft entgegenzutreten, wann und wo immer es Miene macht, die Interessen einer friedlichen und auf Stabilität bedachten Welt anzutasten.

Natürlich wäre es übertrieben zu glauben, dass das Verhalten Amerikas allein über Leben und Tod der kommunistischen Bewegung entscheiden oder ein baldiges Ende der Sowjetherrschaft über Russland herbeiführen könnte. Es steht jedoch durchaus in der Macht der Vereinigten Staaten, die sachlichen Schwierigkeiten, unter denen die Sowjetpolitik arbeiten muss, ganz außerordentlich zu steigern und so dem Kreml ein weit größeres Maß von Zurückhaltung und Vorsicht aufzuzwingen, als er in den letzten Jahren zu beobachten genötigt war. Das aber würde die Tendenzen fördern, die schließlich entweder zum Zerfall oder zu einer allmählichen Milderung der Sowjetherrschaft führen müssen."

(Heinrich Bodensieck, Der Kalte Krieg – Weltpolitik 1945 – 1962. Stuttgart (Klett) 1971, S. 53ff.)

M 8: Aus dem Informationsbericht G.M. Malenkows, Sekretär beim ZK der KPdSU (September 1947)

„Durch den siegreichen Krieg gegen den Faschismus sind die Positionen des Sozialismus und der Demokratie erstarkt, die Position des imperialistischen Lagers dagegen geschwächt worden. Eines der wichtigsten Ergebnisse des Zweiten Weltkrieges ist die Erstarkung der Sowjetunion und die Errichtung eines neuen demokratischen Regimes unter der Führung der Arbeiterklasse in einer Reihe von Ländern. [...] In den durch die Ausschaltung der Hauptkonkurrenten der USA, Deutschlands und Japans, und durch die Schwächung Englands und Frankreichs entstandenen Verhältnissen sind die USA zu einer neuen unverhüllten Expansionspolitik übergegangen, die auf die Herstellung ihrer Weltherrschaft gerichtet ist. Unter diesen neuen Nachkriegsverhältnissen vollzieht sich eine Wandlung in den Beziehungen zwischen den Kriegsverbündeten von gestern, die gemeinsam gegen das faschistische Deutschland und das imperialistische Japan gekämpft haben.

Es bildeten sich zwei entgegengesetzte Richtungen in der internationalen Politik heraus. Die eine Politik wird von der Sowjetunion und den Ländern der neuen Demokratie gebildet. Die Außenpolitik der Sowjetunion und der demokratischen Länder ist auf die Untergrabung des Imperialismus, auf die Sicherstellung eines festen demokratischen Friedens zwischen den Völkern und auf den größtmöglichen Ausbau der freundschaftlichen Zusammenarbeit der friedliebenden Völker gerichtet. [...] In der anderen Richtung der internationalen Politik ist die herrschende Clique der amerikanischen Imperialisten führend. In dem Bestreben, die Positionen zu festigen, die das amerikanische Monopolkapital während des Krieges in Europa und Asien erobert hat, hat diese Clique nun den Weg der offenen Expansion betreten, den Weg der Versklavung der geschwächten kapitalistischen Länder Europas, der Versklavung der kolonialen und abhängigen Länder, den Weg der Vorbereitung neuer Kriegspläne gegen die UdSSR und die Länder der neuen Demokratie, wobei sie sich des Vorwandes eines Kampfes gegen die „kommunistische Gefahr" bedient. Den klarsten und konkretesten Ausdruck fand diese Richtung der Politik des amerikanischen Kapitals in den Plänen von Truman und Marshall. [...]

Wir gehen von der Tatsache aus, dass für eine längere Periode die Existenz zweier Systeme, des Kapitalismus und Sozialismus, unvermeidlich ist, und verfolgen den Kurs loyaler, gutnachbarschaftlicher Beziehungen zu allen Staaten, die den Wunsch zu freundschaftlicher Zusammenarbeit unter den Bedingungen der Anerkennung des Grundsatzes der Gegenseitigkeit und der Erfüllung übernommener Verpflichtungen bekunden."

(Heinrich Bodensieck, Der Kalte Krieg – Weltpolitik 1945 – 1962. Stuttgart (Klett) 1971, S. 32f.)

M 9: Aus der Rede des sowjetischen Chef-Delegierten Alexejew A. Shdanow bei der Gründung des Kommunistischen Informationsbüros (Kominform) im September 1947

„Die grundlegenden Veränderungen in der internationalen Lage und in der Lage der einzelnen Staaten nach dem Krieg haben das ganze politische Weltbild verändert. Es ist zu einer Neuaufteilung der politischen Kräfte gekommen. Je größer der Zeitraum wird, der uns von der Beendigung des Krieges trennt, desto schärfer heben sich zwei Grundtendenzen in der internationalen Nachkriegspolitik hervor, die der Teilung der politischen Kräfte in zwei Lager entsprechen: In das imperialistische und antidemokratische Lager einerseits und das antiimperialistische und demokratische Lager andererseits. Die führende Hauptkraft des imperialistischen Lagers sind die USA. [...] Die antiimperialistischen und antifaschistischen Kräfte bilden das andere Lager. Die Grundlage dieses Lagers sind die UdSSR und die Länder der neuen Demokratie. Zu ihm gehören auch Länder, die mit dem Imperialismus gebrochen und festen Fuß auf dem demokratischen Entwicklungsweg gefasst haben, wie Rumänien, Ungarn und Finnland. An das antiimperialistische Lager schließen sich Indonesien und Vietnam an. Indien, Ägypten und Syrien sympathisieren mit ihm. Das antiimperialistische Lager stützt sich auf die Arbeiterbewegung in allen Ländern, auf die kommunistischen Bruderparteien, auf die Kämpfer der nationalen Befreiungsbewegungen in den kolonialen und abhängigen Ländern, auf die Unterstützung der in jedem Land progressiven demokratischen Kräfte. Das Ziel dieses Lagers ist der Kampf gegen die Gefahr neuer Kriege und der imperialistischen Expansion, die Befestigung der Demokratie und die Ausrottung der Überreste des Faschismus. Das Ende des Zweiten Weltkriegs hat an alle freiheitsliebenden Völker die überaus wichtige Aufgabe der Gewährleistung eines stabilen demokratischen Friedens gestellt, der den Sieg über den Faschismus festigt.“

(Keesings Archiv der Gegenwart, 1946/47)

M 10: Die bei der Gründung der Kominform von neun kommunistischen Parteien Europas verabschiedete „Deklaration zur internationalen Lage“ (September 1947)

„In der internationalen Situation sind als Folge des Zweiten Weltkriegs und der Nachkriegszeit wesentliche Veränderungen eingetreten. Diese Veränderungen sind gekennzeichnet durch eine Neuverteilung der wichtigsten politischen Kräfte, die auf der Arena des Weltgeschehens wirken, durch Änderung in den Beziehungen zwischen den Siegerstaaten des Zweiten Weltkrieges und ihre Umgruppierung. Solange der Krieg währte, gingen die im Krieg gegen Deutschland und Japan verbündeten Staaten gemeinsam vor und bildeten ein gemeinsames Lager. Aber schon während des Krieges bestanden unter den Alliierten Meinungsverschiedenheiten über die Ziele des Krieges und die Nachkriegsgestaltung der Welt. Die Sowjetunion und die demokratischen Länder betrachteten als Hauptziele des Krieges die Wiederherstellung und Festigung der demokratischen Systeme in Europa, die Liquidierung des Faschismus, Verhütung der Möglichkeit einer neuen Aggression Deutschlands und allseitige dauernde Zusammenarbeit der Völker Europas. Die USA, und in Übereinstimmung mit ihnen Großbritannien, setzten sich im Krieg ein anderes Ziel. Beseitigung ihrer Konkurrenten auf dem Weltmarkt (Deutschland und Japan) und Festigung ihrer eigenen Vormachtstellung. Die Meinungsverschiedenheiten in der Zielsetzung des Krieges und der Aufgaben der Nachkriegsgestaltung haben sich in der Nachkriegszeit vertieft. Es bildeten sich zwei einander entgegengesetzte politische Richtungen heraus: auf dem einen Pol die Politik der UdSSR und der demokratischen Länder, die auf Überwindung des Imperialismus und Festigung der Demokratie gerichtet ist, auf dem anderen die Politik der USA und Großbritanniens, die auf Stärkung des Imperialismus und Drosselung der Demokratie abzielt. [...]

Auf diese Weise entstanden zwei Lager: das imperialistische, antidemokratische Lager, dessen Hauptziel die Weltherrschaft des amerikanischen Imperialismus und die Zerschlagung der Demokratie ist, und das antiimperialistische, demokratische Lager, dessen Hauptziel die Überwindung des Imperialismus, die Festigung der Demokratie und die Liquidierung der Überreste des Faschismus ist. Der Kampf der beiden einander entgegengesetzten Lager – des imperialistischen und des antiimperialistischen – erfolgt zum Zeitpunkt einer weiteren Zuspitzung der allgemeinen Krise des Kapitalismus, der Schwächung seiner Kräfte und der Stärkung der Kräfte des Sozialismus und der Demokratie. Aus diesem Grunde legt das imperialistische Lager und seine führende Kraft, die USA, eine besonders aggressive Aktivität an den Tag. Diese Aktivität äußert sich gleichzeitig in allen Richtungen: in militärisch-strategischen Maßnahmen, wirtschaftlicher Expansion und ideologischem Kampf.“

(Keesings's Archiv der Gegenwart, 16/17 (1946/47), S. 1207f., Übersetzung z.T. präzisiert; zit. nach Martin Hoffmann/ Florian Osburg/ Horst Schützler, Aufstieg und Zerfall einer Weltmacht. Die Sowjetunion von 1917 bis 1991. Bamberg (Buchner) 1994, S. 102)

M 11: Aus den Memoiren des US-Präsidenten Truman über Beratungen im Nationalen Sicherheitsrat zur Berlin-Krise (22.7.1948). Einen Tag später sperrten sowjetische Truppen alle Zufahrtswege der westlichen Alliierten durch die SBZ nach West-Berlin ab.

„Am 22. Juli 1948 traf General Clay [US-Militärgouverneur in Deutschland] im Weißen Haus ein, um an einer Sitzung des Nationalen Sicherheitsrates teilzunehmen. Ich forderte ihn auf, über die Lage in Deutschland zu berichten. Im wesentlichen führte er folgendes aus: Die Aufgabe Berlins würde sich bezüglich unserer Pläne in Westdeutschland verheerend auswirken. Sie würde auch den europäischen Wiederaufbau verlangsamen, dessen Erfolg von einer gesteigerten Produktion, besonders auch in Westdeutschland, abhinge. Die Deutschen seien im Allgemeinen mehr über unseren eventuellen Rückzug aus Berlin besorgt als die Alliierten. Wir sollten unser Äußerstes tun, um eine friedliche Lösung der Frage zu erreichen, aber wir müssten in Berlin bleiben. [...]

Ich fragte dann General Clay, welches Risiko wir eingingen, wenn wir die Versorgung Berlins mit Hilfe bewaffneter Konvois versuchen würden. Der General sagte, dass die Sofortreaktion der Russen seiner Ansicht nach darin bestehen würde, Sperren zu errichten. Unsere Pioniere würden solche Hindernisse zwar beseitigen können, angenommen, die Russen würden das zulassen; aber der nächste Schritt der Russen wäre dann, unseren Konvois Streitkräfte entgegenzustellen. [...]

Ich gab meine Meinung kund, dass wir mit einem Abzug aus Berlin all das verlieren würden, wofür wir kämpften. Die Hauptfrage sei, wie wir in Berlin bleiben könnten, ohne einen großen Krieg zu riskieren. [...] Ich fragte ihn [General Hoyt S. Vandenberg, Stabschef der US-Luftwaffe], ob er es vorziehen würde, wenn wir die Versorgung Berlins durch Bodenkonvois versuchen würden. Falls sich die Russen dem dann entgegenstellen und die Welt in einen Krieg stürzen würden, hätte doch die Luftwaffe auch ihren Teil zur Verteidigung der Nation beizutragen. Ich beantwortete meine eigene Frage: Die Luftbrücke sei weniger riskant als bewaff-

Berliner Luftbrücke – Landeanflug eines „Rosinenbombers“ der US-Air-Force auf den Berliner Flughafen Tempelhof. Die Berlin-Blockade durch sowjetische Truppen dauerte vom 24.6.1948 bis 12.5.1949.

US-General Lucius D. Clay, der Organisator der Berliner Luftbrücke, als Pilot; Karikatur von Mirko Szewczuk, westliche Besatzungszonen, 1949

nete Bodenkonvois. Deshalb wies ich die Luftwaffe an, die größtmögliche Unterstützung bei der problematischen Versorgung Berlins zu leisten. [Über die Luftbrücke wurden 1948–1949 insgesamt 362 700 Tonnen Lebensmittel und 1 275 256 Tonnen Kohle nach West-Berlin transportiert.]"

(Harry S. Truman, Memoirs, Volume 2: Years of Trial and Hope. Garden City (Doubleday & Company) 1956, S. 124–126; zit. nach Moltmann, Günter, Die Vereinigten Staaten von Amerika von 1917 bis zur Gegenwart. Paderborn (Schöningh) 1987, S. 50f.)

M 12: Aus dem geheimen „National Security Memorandum No. 68" des US-Außenministers Dean Acheson (April 1950)

„Wir sollten uns darum bemühen, unsere Ziele bei der Durchführung nachfolgender Aufgaben ohne Krieg zu erreichen:

a. Die allmähliche Zurücknahme des übertriebenen russischen Machteinflusses im Bereich der traditionellen russischen Grenzen und die Entwicklung der Satellitenstaaten zu von der UdSSR unabhängigen Einheiten zu fördern und zu unterstützen. [...]

e. Das Ausüben des größtmöglichen Drucks auf die sowjetische Machtstruktur, insbesondere jedoch auf die Beziehungen zwischen Moskau und seinen Satellitenstaaten. [...]

Unsere Position als Zentrum der Macht in der freien Welt legt der US-Führung eine immense Verantwortung auf. Wir müssen die Energien und Ressourcen der freien Welt in einem positiven Friedensprogramm organisieren und gewinnen, welches die Absichten des Kreml zur Anpassung zwingt. [...] Die Durchführung eines solchen Aufbaus erfordert jedoch ein Programm der USA, welches über ein bloßes defensives Programm gegenüber der sowjetischen Bedrohung hinausgeht.

Dieses Programm muss den Weg zum Frieden und zur Ordnung unter den Nationen in einem System basierend auf Freiheit und Gerechtigkeit aufzeigen, wie dies in der Charta der Vereinten Nationen gesehen wird. Weiterhin muss es die politischen und wirtschaftlichen Maßnahmen vorsehen, mit denen und hinter deren militärischem Schild die freie Welt arbeiten kann, um den Kreml zu schwächen durch die Strategie eines Kalten Krieges; denn jede Überlegung der Treue gegenüber unseren fundamentalen Wertvorstellungen und unserer nationalen Sicherheit gebietet es, dass wir unsere Ziele durch die Strategie des Kalten Krieges erreichen, indem wir unsere militärische Stärke ausbauen in der Hoffnung, sie möge nicht zum Einsatz kommen. Der einzig wahre Sieg liegt in der Schwächung des Kreml durch eine ständige Entwicklung der moralischen und materiellen Stärke der freien Welt und ihre Projektion in die sowjetische Welt, damit auf diese Weise ein interner Wandel im sowjetischen System vonstatten gehen kann. [...]

Der ganze Erfolg des vorgeschlagenen Programms hängt letztlich von der Erkenntnis dieser Regierung, des amerikanischen Volkes und aller freien Völker ab, dass der Kalte Krieg tatsächlich ein wirklicher Krieg ist, in welchem das Überleben der freien Welt auf dem Spiel steht."

(Foreign Relations of the United States 1950, Band I, Washington 1977, S. 289ff.; zit. nach Anton Golecki, Geschichte der USA. Bamberg (Buchner) 2000, S. 107f.)

4. Der Korea-Krieg

M1: Aus Chruschtschows Erinnerungen über die Kriegsplanungen

„Ende 1949, etwa zu dem Zeitpunkt, zu dem ich aus der Ukraine nach Moskau zurückberufen wurde, traf dort Kim Il-sung mit einer Delegation ein, um sich mit Stalin zu beraten. Die Nordkoreaner wollten ihre Landsleute im Süden ein wenig mit dem aufgepflanzten Bajonett kitzeln. Der erste Rippenstoß, behauptete Kim Il-sung, werde in Südkorea eine innenpolitische Explosion auslösen und die Macht des Volkes werde sich durchsetzen – jene Macht also, die im Norden des Landes herrschte. [...] Stalin setzte Kim Il-sung auseinander, er solle die Sache überdenken und durchkalkulieren; dann möge er mit seinem konkreten Plan wiederkommen. Kim fuhr nach Hause; nachdem er den Plan ausgearbeitet hatte, kam er wieder nach Moskau und berichtete Stalin, er sei sich seines Erfolgs absolut sicher. Ich erinnere mich, dass Stalin gewisse Zweifel hatte. Er machte sich Gedanken wegen eines möglichen Eingreifens der Amerikaner; aber wir neigten zu der Ansicht, dass eine amerikanische Intervention vermieden werden könne, wenn es gelang, die Kampfhandlungen bald zu Ende zu bringen – und Kim Il-sung war von seinem raschen Sieg überzeugt.

Trotzdem beschloss Stalin, Mao Zedongs[1] Meinung zu Kim Il-sungs Vorschlag zu hören. Es muss betont werden, dass der Krieg nicht Stalins, sondern allein Kim Il-sungs Idee war. [...] Auch Mao Zedong machte keine Einwände. Er stellte sich positiv zu Kim Il-sungs Vorschlag und äußerte

[1] Staats- und Parteichef der Volksrepublik China seit der kommunistischen Revolution 1949

die Vermutung, die Amerikaner würden nicht intervenieren, da es sich bei dem Krieg um eine innerkoreanische Angelegenheit handle, in der das koreanische Volk selber entscheiden müsse."

(S. Talbott (Hg.), Chruschtschow erinnert sich. Reinbek (Rowohlt) 1971, S. 372f.)

M 2: Aus der Proklamation des US-Präsidenten Harry S. Truman zum Eingreifen in Korea (27.6.1950)

„Die Regierungstruppen von [Süd-]Korea, die nur bewaffnet waren, um Grenzüberfälle zu verhindern und die innere Sicherheit zu gewährleisten, sind von Invasionstruppen aus Nordkorea angegriffen worden. Der Sicherheitsrat der Vereinten Nationen hat die eindringenden Truppen aufgefordert, die Kampfhandlungen einzustellen und sich hinter den 38. Breitengrad zurückzuziehen.[2] Sie haben dies aber nicht getan, sondern im Gegenteil ihre Angriffe verstärkt. Der Sicherheitsrat hat alle Mitglieder der Vereinten Nationen aufgefordert, den Vereinten Nationen jede mögliche Hilfe bei der Durchsetzung der Resolution zu gewähren. Unter diesen Umständen habe ich den Luft- und Seestreitkräften der Vereinigten Staaten befohlen, der [süd-]koreanischen Regierung Truppendeckung und Unterstützung zu geben.

Der Angriff auf Korea beseitigt jeden Zweifel, dass der Kommunismus das Stadium der Subversion zur Eroberung unabhängiger Völker hinter sich gelassen hat und nun zum Mittel der bewaffneten Invasion und zum Krieg übergehen wird. Er hat die Anordnungen des Sicherheitsrats der Vereinten Nationen zur Wahrung des internationalen Friedens und der internationalen Sicherheit missachtet. Unter diesen Umständen wäre die Besetzung Formosas[3] durch kommunistische Streitkräfte eine direkte Bedrohung für die Sicherheit des pazifischen Raums und für die Streitkräfte der Vereinigten Staaten, die in jener Region rechtmäßige und notwendige Funktionen erfüllen.

Dementsprechend habe ich die Siebte Flotte angewiesen, jeden Angriff auf Formosa zu verhindern. [...] Ich habe auch angeordnet, dass die Streitkräfte der Vereinigten Staaten auf den Philippinen verstärkt werden und die Militärhilfe für die philippinische Regierung beschleunigt wird. In ähnlicher Weise habe ich angeordnet, dass die Militärhilfe für die Streitkräfte Frankreichs [in Vietnam] und der Assoziierten Staaten von Indochina beschleunigt wird."

(Public Papers of the Presidents of the United States: Harry S. Truman 1950. Washington, D.C. (U.S. Government Printing Office) 1965, S. 492; zit. nach Günter Moltmann, Die Vereinigten Staaten von Amerika von 1917 bis zur Gegenwart. Paderborn (Schöningh) 1987, S. 56)

[2] Dieser Beschluss war noch am Tage des nordkoreanischen Angriffs, am 25.6.1950, gefasst worden, und zwar in Abwesenheit des sowjetischen Vertreters, der seine Mitarbeit bereits am 13.1.1950 aus Protest gegen die Mitgliedschaft Nationalchinas (Formosas) in diesem Gremium eingestellt hatte. Die Sowjetunion forderte die ständige Mitgliedschaft der Volksrepublik China im UN-Sicherheitsrat.

[3] Nach Formosa (heute: Taiwan) hatten sich nach dem Sieg Mao Zedongs auf dem chinesischen Festland 1949 die Reste nationalchinesischer Truppen unter Chiang Kai-shek zurückgezogen.

M 3: Aus einer Rundfunkansprache des US-Präsidenten Truman zum Korea-Krieg (1950)

„[...] Wir wünschen nicht, dass sich die Kämpfe in Korea zu einem allgemeinen Krieg ausweiten. Eine Ausweitung wird nicht erfolgen, wenn die kommunistischen Imperialisten nicht weitere Armeen und Völker in den Kampf der Angreifer gegen die Kräfte der Vereinten Nationen hineinziehen. [...] Im besonderen hoffen wir, dass das chinesische Volk nicht verleitet oder gezwungen wird, gegen die Vereinten Nationen oder gegen das amerikanische Volk zu kämpfen, das stets sein Freund war und es auch heute noch ist. Nur der kommunistische Imperialismus, der bereits begonnen hat China zu zerstückeln, könnte aus einer Verwicklung Chinas in einen Krieg Vorteil ziehen. [...]

Wir glauben an die Freiheit aller Nationen im Fernen Osten. Das ist einer der Gründe, warum wir unter den Vereinten Nationen für die Freiheit Koreas kämpfen. Wir haben den Philippinen zur Unabhängigkeit verholfen und wir haben die nationalen Unabhängigkeitsbestrebungen anderer asiatischer Länder unterstützt. Russland hat niemals irgendein Territorium freiwillig aufgegeben, das es sich im Fernen Osten angeeignet hat – es hat noch keinem zur Unabhängigkeit verholfen, der unter seine Kontrolle geraten war. [...] Wir rüsten lediglich für die Verteidigung gegen die Aggression. Wenn wir und die anderen freien Völker stark, entschlossen und geeint sind, kann der kommunistische Imperialismus, obgleich er nicht an den Frieden glaubt, von einer neuen Aggression abgeschreckt werden."

(Keesing's Archiv der Gegenwart, XX. Jg., Essen 1950, S. 2563; zit. nach Erich Angermann, Die Vereinigten Staaten von Amerika als Weltmacht. Stuttgart (Klett) 1987, S. 56f.)

M 4: US-Präsident Truman in einem Telegramm an General MacArthur, den Oberkommandierenden der US-Truppen in Korea (1951)

„Ein erfolgreicher Widerstand in Korea würde den nachstehenden wichtigen Zielen dienen:

a) den Beweis zu erbringen, dass weder wir noch die Vereinten Nationen vor einer Aggression zurückweichen, sowie einen Sammelpunkt zu schaffen, um den sich die Geister und die Energie der freien Welt angesichts der weltweiten Bedrohung durch die Sowjetunion scharen können,

b) das gefährlich aufgeblähte politische und militärische Ansehen des kommunistischen China zu schwächen, das jetzt die Widerstandskraft des nichtkommunistischen Asien zu untergraben und seine Herrschaft über China zu festigen droht,

c) Zeit zu gewinnen, um den antikommunistischen Widerstand in Asien, innerhalb und außerhalb Chinas zu organisieren und ihm unseren direkten Beistand zu leihen,

d) unser den Südkoreanern gegebenes Ehrenwort einzulösen und aller Welt darzutun, dass die Freundschaft der Vereinigten Staaten in schlechten Zeiten von unschätzbarem Wert ist,

e) einem viel günstigeren Friedensvertrag mit Japan den Weg zu ebnen und die Stellung und Sicherheit dieses Landes gegenüber dem Kontinent bedeutend zu heben,

f) die Entschlossenheit vieler Länder nicht nur in Asien, sondern auch in Europa und im Nahen Osten zu fördern, die im Schatten der kommunistischen Machtentfaltung leben, und ihnen die Gewissheit einzuflößen, dass nichts sie zwingt, sich zu den bestmöglichen Bedingungen – das heißt um den Preis völliger Unterwerfung – mit dem Kommunismus zu verständigen,

g) alle jene aufzumuntern, die bei einem plötzlichen Überfall seitens der Sowjetunion oder des kommunistischen Chinas einer überwältigenden Übermacht werden standhalten müssen,
h) dem Aufbau der Verteidigung der westlichen Welt Sinn und Nachdruck zu geben,
i) die erste große gemeinschaftliche Anstrengung der Vereinten Nationen zur Wahrung der kollektiven Sicherheit erfolgreich zum Abschluss zu bringen sowie eine für die nationale Sicherheit der Vereinigten Staaten unschätzbar wertvolle Koalition der freien Welt zu schmieden,
k) alle Völker hinter dem Eisernen Vorhang zu warnen, dass sie auf den Widerstand der freien Welt treffen werden, falls sie sich von ihren Herren in Angriffskriege führen lassen."

(Harry S. Truman, Memoiren, Band II. Bern (Scherz & Goverts) 1956, S. 500f.)

5. Auf dem Weg zum „Gleichgewicht des Schreckens"

M 1: Josef W. Stalin über die Unvermeidlichkeit von Kriegen (1. 2. 1952)

„Manche Genossen behaupten, kraft der Entwicklung der neuen internationalen Bedingungen nach dem Zweiten Weltkrieg hätten die Kriege zwischen den kapitalistischen Ländern aufgehört unvermeidlich zu sein. Sie sind der Ansicht, dass die Gegensätze zwischen dem Lager des Sozialismus und dem Lager des Kapitalismus stärker sind als die Gegensätze zwischen den kapitalistischen Ländern, dass die Vereinigten Staaten von Amerika sich die anderen kapitalistischen Länder hinreichend untergeordnet hätten, um es verhindern zu können, dass sie miteinander Krieg führen und sich gegenseitig schwächen, dass die vorgeschrittenen Männer des Kapitalismus aus den Erfahrungen der beiden Weltkriege, die der ganzen kapitalistischen Welt ernstlich Abbruch getan haben, genug gelernt hätten, um es sich nicht zu erlauben, die kapitalistischen Länder neuerlich in einen Krieg gegeneinander zu zerren, dass all diesem zufolge die Kriege zwischen den kapitalistischen Ländern aufgehört hätten unvermeidlich zu sein.
Diese Genossen irren sich. Sie sehen die an der Oberfläche flimmernden äußeren Erscheinungen, sehen aber nicht die tiefwurzelnden Kräfte, die, wenn sie auch vorerst noch im Verborgenen wirken, dennoch den Gang der Ereignisse bestimmen werden.
Äußerlich scheint alles in „bester Ordnung": die Vereinigten Staaten von Amerika haben Westeuropa sowie Japan und die anderen kapitalistischen Länder auf feste Ration gesetzt; Deutschland (Westdeutschland), England, Frankreich, Italien und Japan sind nun in den Krallen der USA und tun gehorsam, was ihnen die USA gebieten. Aber es wäre falsch anzunehmen, dass diese „beste Ordnung" sich auf „ewige Zeiten" erhalten könnte, dass diese Länder die Herrschaft und das Joch der Vereinigten Staaten von Amerika endlos dulden, dass sie nicht versuchen würden, das Joch der amerikanischen Sklaverei abzuschütteln und eine selbstständigen Entwicklungsweg zu betreten. [...] Folglich erwies sich der Kampf der kapitalistischen Länder um die Märkte und der Wunsch, ihre Konkurrenten zu ersäufen, praktisch als stärker denn die Gegensätze zwischen dem Lager des Kapitalismus und dem Lager des Sozialismus. [...] Daraus folgt aber, dass die Unvermeidlichkeit von Kriegen zwischen den kapitalistischen Ländern in Kraft bleibt. [...] Um die Unvermeidlichkeit von Kriegen zu beseitigen, muss man den Imperialismus vernichten."

(Josef W. Stalin, Zu den Fragen des Leninismus. Eine Auswahl, hg. v. Hans-Peter Gentl. Frankfurt/Main (Fischer) 1970, S. 291–294)

Feindbild Sowjetunion – CDU-Plakat zum Bundestagswahlkampf 1953.

Feindbild USA – Die amerikanische Spinne kriecht über Westeuropa [im Bild: Sapatnaja Jewropa], sowjetische Karikatur, 1950er Jahre.

Der Aufstand in Ungarn beginnt am 23. Oktober 1956 mit dem Sturz des Stalin-Denkmals in Budapest.

M 2: Aus einer Rede von US-Außenminister John Foster Dulles vor dem Ausschuss für Auswärtige Beziehungen (12.1.1954) über die Strategie der „Massiven Vergeltung"

„Die sowjetischen Kommunisten planen für das, was sie „eine ganze historische Epoche" nennen, und wir sollten das Gleiche tun. Sie versuchen in vielen verschiedenen Vorgehensweisen nach und nach die freien Nationen zu spalten und zu schwächen dadurch, dass sie sie in Anstrengungen überbeanspruchen, die, wie Lenin es formuliert hat, „über ihre Kraft gehen, so dass sie praktisch bankrott gehen". Dann, sagte Lenin, „ist unser Sieg sicher". Dann, sagte Stalin, wird „der Zeitpunkt für den entscheidenden Schlag" gekommen sein.

Angesichts dieser Strategie können Maßnahmen nicht schon deswegen als hinreichend bezeichnet werden, weil sie eine unmittelbar drohende Gefahr abwehren. Es ist notwendig dies zu tun, aber es ist auch notwendig, dies zu tun ohne uns zu erschöpfen. Als die Regierung Eisenhower überlegte, ob unsere Politik diesen Anforderungen genüge, hatten wir das Gefühl, dass einige Veränderungen notwendig wären. [...]

Wir wollen, für uns selbst und für die anderen freien Staaten, ein Maximum an Abschreckung zu erträglichen Kosten. Örtlich begrenzte Verteidigung wird immer wichtig sein. Aber es gibt keine örtlich begrenzte Verteidigung, die allein die mächtige Landmacht der kommunistischen Welt eindämmen könnte. Die örtliche Verteidigung muss verstärkt werden durch die zusätzliche Abschreckung eines massiven Vergeltungspotenzials. Ein möglicher Angreifer muss wissen, dass er nicht immer Bedingungen für den Kampf vorschreiben kann, die für ihn günstig sind. Sonst könnte z. B.ein möglicher Angreifer, der von Soldaten strotzt, in Versuchung geraten, anzugreifen im Vertrauen darauf, dass auch die Gegenwehr allein durch Soldaten erfolgen wird. Er könnte in Versuchung kommen dort anzugreifen, wo er entscheidend überlegen ist.

Für die freie Gemeinschaft ist der richtige Weg, von einem Angriff abzuschrecken, bereit und fähig zu sein kraftvoll zuzuschlagen an selbstgewählten Orten und mit selbstgewählten Mitteln."

(Department of the State Bulletin, 25.1.1954, S. 107ff.; zit. nach Ernst O. Czempiel/Carl-Christoph Schweitzer, Weltpolitik der USA nach 1945, Bonn (Bundeszentrale für politische Bildung) 1984. (Aktualisierte Neuausgabe 1989), S. 131f.)

M 3: Aus einer Meldung der sowjetischen Nachrichtenagentur TASS (5.10.1957)

„Infolge der großangelegten angestrengten Arbeit von wissenschaftlichen Forschungsinstituten und Konstruktionsbüros ist ein künstlicher Erdsatellit, der erste in der Welt, geschaffen worden. Am 4. Oktober 1957 wurde in der Sowjetunion der erste Satellit erfolgreich aufgelassen. Nach vorläufigen Angaben hat die tragende Rakete dem Satelliten die erforderliche Fluggeschwindigkeit von etwa 8000 Metern in der Sekunde verliehen. [...] Die künstlichen Erdsatelliten bahnen den Weg zu interplanetaren Flügen und unseren Zeitgenossen wird es offenbar gegönnt sein zu erleben, wie dank der befreiten und bewussten Arbeit der Menschen der neuen sozialistischen Gesellschaft die kühnsten Träume der Menschheit Wirklichkeit werden."

(Keesing's Archiv der Gegenwart, S. 6675; zit. nach Anton Golecki, Geschichte der USA. Bamberg (Buchner) 2000, S. 109)

M 4: Aus einem Kommentar der „New York Herald Tribune" (6.10.1957)

„Das ist eine ernüchternde Nachricht. [...] Das ist ein Triumph des Menschen über den Weltraum und eine Errungenschaft für die ganze menschliche Rasse, welche die amerikanischen Wissenschaftler, als sie ihren sowjetischen Besuchern in Washington Adieu sagten, dazu veranlasste, ihre Glückwünsche auszusprechen in einer Mischung aus freudiger Erregung und Bestürzung – freudiger Erregung darüber, dass die Brüderschaft der Wissenschaft in der Welt einen Satelliten gestartet hat, Bestürzung darüber, dass die kommunistische Welt die freie Welt hierbei geschlagen hat. In ihrer Bestürzung anerkannten sie die nüchterne Tatsache als das, was sie ist – als eine schwere Niederlage für Amerika.

Das Ausmaß der Größe dieser Niederlage liegt in der Tatsache, dass die größte wissenschaftliche Entdeckung aller Zeiten vor dieser, die Freisetzung der Atomenergie, durch die Bereitstellung unbegrenzter amerikanischer Mittel und die besten wissenschaftlichen Gehirne vieler Nationen vollbracht wurde. Dieser Erfolg kennzeichnete die Überlegenheit der Vereinigten Staaten in der Welt auf dem Gebiete wissenschaftlicher Forschung und Entwicklung. Der Sowjetsatellit bedeutet, dass wir diese Überlegenheit verloren haben."

(Keesing's Archiv der Gegenwart, S. 6683; zit. nach Anton Golecki, Geschichte der USA. Bamberg (Buchner) 2000, S. 110)

M 5: Nikita Chruschtschow vor Journalisten über das sowjetische Arsenal an Atom- und Wasserstoffbomben (14.11.1959)

„Wir wünschen niemanden zu erschrecken, aber die Wahrheit können wir sagen, dass bei uns jetzt eine solche Zahl von Raketen, eine solche Zahl von Atom- und Wasserstoffgeschossen angesammelt ist, dass, wenn man uns überfallen sollte, wir alle unseren eventuellen Gegner vom Erdboden werden hinwegfegen können. [...] Ich bin stolz darauf, dass dieses Mittel in den Händen des friedliebendsten Staates liegt, in den Händen der Kommunistischen Partei, unseres Volkes, die sich für die Sache des Friedens einsetzen. Es ist für jene, die einen Krieg entfesseln möchten, eine schreckliche Waffe. Folglich ist es eine Stütze im Kampf für den Frieden. Unsere Politik ist aber keine Politik ‚von der Position der Stärke' aus. Wir haben in diesem Jahr auf der Tagung der Vollversammlung der UNO die allgemeine, vollständige Abrüstung vorgeschlagen. [...] Im Besitz dieser Waffe erklären wir, dass wir bereit sind, das alles ins Meer zu versenken im Interesse der Gewährleistung des Friedens auf der Erde, im Interesse der Zukunft, damit alle

Menschen unserer Generation und der kommenden Generationen in Ruhe leben können, damit sie wissen, dass wir nicht nur keinen Krieg wollen, sondern auch keine Mittel der Kriegführung besitzen wollen. Wir sind bereit, all diese Waffen sofort zu vernichten, falls andere Länder unserem Beispiel folgen."

(Heinrich Siegler, Dokumentation zur Abrüstung und Sicherheit, Band 1: 1943 – 1959. Bonn (Auswärtiges Amt) 1961, S. 456)

M 6: Auszug aus dem Vortrag eines sowjetischen Agitprop-Funktionärs in Alma Ata (Kasachstan) vor Oberschülern über den „Sputnik" (1958)

„Er wiegt nur fünfzig Kilo – viel weniger als ein Arbeitsloser in den USA, als ein obdachloser Neger in einer amerikanischen Großstadt. Und dennoch: Er macht dem CIA und dem Großkapital unvergleichlich mehr Sorgen, denn: Wo bleibt hier die immer wieder behauptete Überlegenheit des Kapitalismus? Warum haben die eigenen Raketen versagt, obwohl sie nur neun – ich wiederhole: neun! – Kilo in die Umlaufbahn um die Erde bringen sollten? Warum der Aufschrei in der sogenannten „freien Welt"? Was ist an dem künstlichen Sowjetstern, der piepsend seine Bahn zieht, so Besonderes? Genossen, ich will es euch sagen: Für uns ist der Sputnik, der seit drei Tagen um unsere gute alte Erde kreist, für eine einzige Sache der Beweis. Die endgültige und nun aller Welt sichtbare Überlegenheit der sozialistischen Länder, allen voran der Sowjetunion. Nur in einem Land, wo kein Kapitalist durch Ausbeutung die Entfaltung der Produktivkräfte hemmt, wo der menschliche Erfindergeist von einer Partei im Leninschen Geist in die Richtung auf eine Beherrschung der Naturgesetze gelenkt wird, sind solche Großtaten möglich! [...]
Hier also, nur hier liegt der Grund, warum Washington so verlegen ist und Ausflüchte macht. Die unterdrückten Massen in den kapitalistischen Ländern jedoch haben die Botschaft verstanden.
Vorwärts, Genossen, zu weiteren Ruhmestaten unserer sowjetischen Wissenschaft! Vorwärts zum Kommunismus!"

(Stenographische Mitschrift des sowjetdeutschen Pastors Heinrich Neumann, aus dessen Nachlass; zit. nach Harm Mögenburg, Russland im Umbruch. Frankfurt/Main (Diesterweg) 1992, S. 123)

M 7: Henry Kissinger, Berater des US-Präsidenten Dwight D. Eisenhower, über das Dilemma des Atomzeitalters (1957)

„Man sagt, dass das Anwachsen der Atomwaffenvorräte ein „Patt" gebracht hat, mit anderen Worten, einen Ausgleich der Kräfte und Chancen, der einen Krieg, wenn nicht zu riskant, so doch mindestens nicht mehr lohnend macht. Die ungeheure Macht der neuen Waffentechnik hat zu einem stillschweigenden Nichtangriffspakt und zu der Erkenntnis geführt, dass man den Krieg nicht mehr als ein Mittel der Politik ansehen kann und dass internationale Streitfragen nur noch auf diplomatischem Wege beigelegt werden können. Man behauptet, dass die friedliche Verwendung der Atomkernenergie viele der traditionellen Beweggründe zu einem Angriffskrieg hinfällig gemacht hat, da jede Großmacht jetzt die Kapazität ihrer Produktionsmittel außerordentlich steigern kann, ohne sich fremdes Gebiet oder fremde Arbeitskraft anzueignen. [...]
In dem gleichen Maße, wie die Anwendung von Gewalt unmöglich wird, dürfte auch die internationale Rechtsordnung ihre hemmende Wirkung verlieren. Wenn wir uns auch vielleicht mit den Bestrebungen der übrigen Menschheit identifizieren könnten, so sehen wir uns schließlich doch zwei revolutionären Mächten gegenüber, der UdSSR und dem kommunistischen China, die sich eines überlegenen Verständnisses der „objektiven" Kräfte rühmen und denen eine Politik, die nicht mit einer plausiblen Möglichkeit der Anwendung von Gewalt rechnet, als Heuchelei oder Dummheit erscheinen würde. Da das sowjetische Dogma ein einträchtiges Verhältnis zwischen verschiedenen sozialen Systemen ausdrücklich ablehnt, wird der Verzicht auf Gewalt einen machtleeren Raum schaffen, in dem sich die sowjetische Führung straflos bewegen kann. Da sich die sowjetischen Machthaber ihrer Fähigkeit rühmen, die Beteuerungen unserer friedfertigen Absichten zu „durchschauen", können wir auf ihre Handlungen nur dadurch Einfluss nehmen, dass wir eine überlegene Streitmacht besitzen. [...]
Man kann das Dilemma des Atomzeitalters etwa so beschreiben: Die ungeheure Wirkung der modernen Waffen lässt uns nur mit Schrecken an einen Krieg denken; aber die Weigerung, irgendein Risiko einzugehen, kommt der Aushändigung eines Blankoschecks an die Sowjets gleich. In einer Zeit nie zuvor erreichter Stärke müssen wir erkennen, dass Macht, die kein klares Ziel vor sich hat, nur den Willen lähmt. Die amerikanische Politik hat keine dringendere Aufgabe als unsere Stärke in das rechte Verhältnis zu den Problemen zu bringen, für die wir höchstwahrscheinlich einmal kämpfen müssen."

(Henry Kissinger, Kernwaffen und Auswärtige Politik. München (Oldenbourg) 1959, S. 3–6)

M 8: US-General Maxwell D. Taylor zu den militärstrategischen Folgen des Sputnik-Schocks (1959)

„Ich glaube, dass sich die "Massive Vergeltung" als leitende strategische Vorstellung totgelaufen hat und dass die dringende Notwendigkeit besteht, unsere strategischen Erfordernisse neu einzuschätzen. Wenn der Sturm losgeht, könnte die „Massive Vergeltung" unseren Führern nur die Wahl lassen, entweder einen allgemeinen nuklearen Krieg einzuleiten oder einen Kompromiss zu schließen und sich zurückzuziehen. Seitdem dieses strategische Konzept besteht, haben sich viele Weltereignisse zugetragen, die Zweifel an seinem Wert aufkommen lassen und seinen irreführenden Charakter offenbaren. Korea, ein begrenzter konventioneller Krieg, von den USA geführt, als wir das Atommonopol besaßen, widerlegte klar die universelle Wirksamkeit. Die vielen anderen begrenzten Kriege, die sich seit 1945 abspielten: der chinesische Bürgerkrieg, die Guerillakriege in Griechenland und Malaya, die Kriege in Vietnam, gegen Formosa, der Aufstand in Ungarn, Kämpfe im Mittleren Osten, in Laos, um nur einige zu nennen, sind der klare Beweis dafür, dass, wenn auch unsere „Massive Vergeltungs"-Strategie den „Großen Krieg" – den dritten Weltkrieg – verhütet haben mag, sie doch den „Kleinen Frieden" nicht aufrechterhalten konnte, das heißt Frieden vor Störungen, die nur gering sind im Vergleich zur Katastrophe eines allgemeinen Krieges. [...]
Die strategische Doktrin, die ich als Ersatz für die „Massive Vergeltung" vorschlagen möchte, nenne ich in diesem Buch die Strategie der „Flexiblen Reaktion". Diese Bezeichnung deutet an, dass es notwendig ist, auf das gesamte Spektrum einer möglichen Bedrohung zu reagieren und es mit allem aufnehmen zu können, vom allgemeinen Atomkrieg bis zur Infiltration und bis zu solchen Aggressionen, wie sie Laos und Berlin 1959 bedroht haben. Die neue Strategie würde anerkennen, dass es genauso wichtig ist, vor

einem begrenzten Krieg abzuschrecken oder ihn schnell zu gewinnen wie vor einem allgemeinen Krieg. Sonst könnte der begrenzte Krieg, wenn wir ihn nicht schnell für uns zu entscheiden wüssten, zu einer stückweisen Aufreibung führen oder zur Einbeziehung in einen sich ausweitenden Konflikt, aus dem der allgemeine Krieg, den wir alle vermeiden möchten, erwächst."

(Maxwell D. Taylor, Und so die Posaune einen undeutlichen Ton gibt, wer wird sich zum Streite rüsten? Gütersloh (Mohn) 1962, S. 19, 45ff.)

M 9: Sowjetische Botschaft an die „Völker und Regierungen aller Länder" (12.4.1961)

„Großes ist geschehen. Zum ersten Mal in der Geschichte hat ein Mensch einen Flug in den Kosmos unternommen. Am 12. April 1961 um 9.07 Uhr Moskauer Zeit ist das Weltraumschiff „Wostok" mit einem Menschen an Bord in den Kosmos gestartet und ist, nachdem es die Erde umflogen hat, wohlbehalten zur heiligen Erde unserer Heimat, des Landes der Sowjets, zurückgekehrt. Der erste Mensch, der in den Kosmos vorgestoßen ist, ist ein Sowjetmensch, ein Bürger der Union der Sozialistischen Sowjetrepubliken! Das ist ein beispielloser Sieg des Menschen über die Kräfte der Natur, die größte Errungenschaft der Wissenschaft und Technik, ein Triumph der menschlichen Vernunft. [...]
Unser Land hat alle anderen Staaten der Welt überflügelt und als erstes den Weg in den Kosmos gebahnt. [...] Unsere Errungenschaften und Entdeckungen stellen wir nicht in den Dienst des Krieges, sondern in den Dienst des Friedens und der Sicherheit der Völker! Die Entwicklung der Wissenschaft und der Technik bietet unbegrenzte Möglichkeiten, die Kräfte der Natur zu bezwingen und zum Wohl des Menschen zu nutzen; dazu aber muss vor allem der Frieden gesichert werden. An diesem feierlichen Tage richten wir unseren Friedensappell an die Völker und Regierungen aller Länder. [...] Machen wir Schluss mit allem Wettrüsten! Verwirklichen wir die allgemeine und vollständige Abrüstung unter strenger internationaler Kontrolle! Das wird ein entscheidender Beitrag zur heiligen Sache des Friedens sein."

(NEUES DEUTSCHLAND, 13.4.1961; zit. nach Martin Hoffmann/ Florian Osburg/ Horst Schützler, Aufstieg und Zerfall einer Weltmacht. Die Sowjetunion von 1917 bis 1991. Bamberg (Buchner) 1994, S. 107)

Der Bau der Berliner Mauer – die Harzer Straße in den Morgenstunden des 13. August 1961.

M 10: Die westdeutsche Perspektive – Helmut Schmidt, verteidigungspolitischer Experte der SPD (1962)

„Wenn also schon zu Zeiten des nuklear-strategischen Monopols eine ausschließlich auf dieses Monopol gestützte Abschreckungsstrategie der USA nicht absolut wirksam war, so wird sie im kommenden Zeitalter des nuklearstrategischen Patts in ihrer Bedeutung ganz entscheidend schrumpfen. Das heißt aber keineswegs, dass damit das Prinzip der Abschreckung schlechthin hinfällig würde; es heißt lediglich, dass es – wie schon vor 1945 – keine absolute Abschreckung gibt. Man mag dies bedauern, ändern kann man es nicht.
Gleichwohl besteht auch für die zukünftige Epoche kein Grund, prinzipiell an der Möglichkeit zu zweifeln, dass die NATO durch Art und Umfang ihrer Strategie und Rüstung die ihr gegenüberstehende Machtkonstellation vom Kriege abschrecken kann. Diese Aufgabe kann jedoch nur dann erfüllt werden, wenn Verteidigungsstruktur und -strategie der NATO der anderen Seite für alle möglichen Fälle der Entstehung militärischer Konflikte Risiken androhen, die größer sind als der jeweilige eventuelle Gewinn und die von der anderen Seite geglaubt werden.
In der konkreten Situation der sechziger Jahre bedeutet das: [...] Militärische Strategien, welche die eigene Vernichtung nach sich ziehen und in Kauf nehmen, müssen bei Freund und Feind schwerste Zweifel erregen; sie sind auf die Dauer nicht glaubwürdig; ihre Durchführung würde wahrscheinlich im Ernstfalle von der politischen Führung mit Recht verhindert werden; sie sind daher zur Abschreckung ungeeignet.
Auch diese Gedankenreihe führt uns zu schon bekannten Ergebnissen: Die weitere Aufrechterhaltung eines allgemeinen nuklear-strategischen Vergeltungskonzeptes wäre unsinnig, denn sie würde im Ernstfall Europa (und ebenso die Völker und die Territorien der beiden Weltmächte) der Vernichtung anheim geben. [...] Sofern im tatsächlichen Konfliktfall der Gegner nicht seinerseits nuklear angreifen sollte, muss deshalb der Westen in der Lage sein, sich mit jeweils adäquaten Mitteln zu verteidigen. Mehr noch: Seine Rüstungsstruktur muss bereits im Frieden die andere Seite erkennen lassen, dass der Westen ihr auch und gerade für den Fall eines rein konventionell ausgetragenen Konfliktes höchste Risiken aufzwingen kann. Nur unter dieser Voraussetzung ist ein lückenloses Kontinuum der Abschreckung denkbar."

(Beiträge, Stuttgart 1967, S. 506ff.; zit. nach: Albin Atzerodt/ Gebhard Diemer/ Manfred Franze/ Klaus von Schubert, Die Sicherheitspolitik der Bundesrepublik Deutschland im Rahmen des Ost-West-Konflikts. München (Oldenbourg) 1988, S. 150)

M 11: Der sowjetische Marschall Sokolowski über die Nuklearstrategie des Warschauer Pakts (1965)

„Der neue Weltkrieg wird ein Koalitionskrieg sein. Dabei werden sich die militärische Koalition der kapitalistischen Staaten auf der einen Seite und die der sozialistischen Länder auf der anderen gegenüberstehen. [...] Hinsichtlich der eingesetzten Kampfmittel wird der dritte Weltkrieg vor allem ein Raketen- und Kernwaffenkrieg sein. Der Masseneinsatz von nuklearen und besonders von thermonuklearen Waffen wird ihm das Gepräge eines einzig dastehenden Vernichtungs- und Ausrottungskampfes verleihen. Ganze Staaten werden ausgelöscht werden. Hauptmittel zur Erreichung der Kriegsziele und zur Lösung der wichtigsten strategischen und operativen Aufgaben werden Raketen mit nuklearen Sprengkörpern sein. [...] Die wichtigste Methode der Kriegsführung werden massierte Raketen- und Kernwaffenschläge sein, die geführt werden, um die nuklearen Angriffsmittel des Aggressors zu vernichten, gleichzeitig die lebenswichtigen Objekte, die seine militärische, politische und wirtschaftliche Macht ausmachen, weitgehend zu zerstören, seinen Widerstandswillen zu brechen und möglichst rasch den Sieg zu erringen. Der Schwerpunkt des gesamten bewaffneten Kampfes wird sich [...] in die Tiefe des feindlichen Raums einschließlich der entlegensten Gebiete verlagern. Dadurch wird der Krieg eine nie da gewesene räumliche Ausdehnung erhalten."

(Militärstrategie, hg. unter der Redaktion des Marschalls der Sowjetunion W.D. Sokolowski. Köln 1965; zit. nach: Albin Atzerodt/ Gebhard Diemer/ Manfred Franze/ Klaus von Schubert, Die Sicherheitspolitik der Bundesrepublik Deutschland im Rahmen des Ost-West-Konflikts. München (Oldenbourg) 1988, S. 159f.)

M 12: US-Verteidigungsminister McNamara über die „Flexible Response"-Strategie der NATO (1968)

„[...] die wirksamste Abschreckung gegenüber einem potenziellen Aggressor besteht in ausgewogenen Streitkräften über das gesamte Spektrum der militärischen Einsatzmöglichkeiten hinweg. Wir haben argumentiert, dass nur das Vorhandensein solcher ausgewogenen Streitkräfte einen Aggressor über jeden Zweifel hinaus davon überzeugen würde, dass die Allianz ihm, ganz gleich welche Anstrengungen er unternimmt oder zu unternehmen droht, immer mit den entsprechenden Mitteln entgegentreten kann. [...] Die Vereinigten Staaten sind immer der festen Überzeugung gewesen, dass die Drohung mit einer unglaubwürdigen Maßnahme keine wirksame Abschreckung darstellt. Die politischen Führer des Westens sind sich alle der Gefahren wohl bewusst, die mit dem Einsatz taktischer Atomsprengkörper verbunden sind – und das Gleiche gilt auch für die Führer der Mitgliedsstaaten des Warschauer Pakts. Die Sowjetführer würden wahrscheinlich nicht glauben, dass die NATO-Mächte unverzüglich damit einverstanden wären, diese großen Gefahren in Kauf zu nehmen, um einer plötzlichen und begrenzten, mit konventionellen Mitteln geführten Aggression entgegenzutreten. Und wenn die Sowjets die Drohung mit einer sofortigen atomaren Reaktion auf eine begrenzte Aggression für unglaubwürdig hielten, so könnten sie durchaus versucht sein, in irgendeiner Krisensituation mit einer begrenzten Aggression vorzuführen [...] und so Stück für Stück das zu erlangen, was sie mit einem überraschenden, massiven, totalen Angriff auf das NATO-Bündnis auf einen Schlag nicht erreichen können."

(Europa-Archiv, 1968, S. D 233–235; zit. nach Ernst O. Czempiel/Carl-Christoph Schweitzer, Weltpolitik der USA nach 1945, Bonn (Bundeszentrale für politische Bildung) 1984. (Aktualisierte Neuausgabe 1989), S. 285f.)

6. Die Kuba-Krise

M 1: Aus einer Rundfunk- und Fernsehansprache des US-Präsidenten John F. Kennedy (23. 10. 1962)

„Meine Regierung hat, wie angekündigt, den militärischen Aufbau der Sowjets auf der Insel Kuba auf das Genaueste beobachtet. In der vergangenen Woche haben eindeutige Beweise die Tatsache erhärtet, dass gegenwärtig eine Reihe offensiver Abschussrampen auf dieser in ein Gefängnis verwandelten Insel vorbereitet wird. Der Zweck dieser Basen kann nur sein, eine nukleare Angriffskapazität gegen die westliche Hemisphäre zu schaffen. [...]

Die rasche Umwandlung Kubas in einen wichtigen strategischen Stützpunkt – durch das Vorhandensein dieser großen, weitreichenden und eindeutig offensiven Waffen der plötzlichen Massenvernichtung – stellt eine ausdrückliche Bedrohung des Friedens und der Sicherheit aller amerikanischen Staaten, und zwar in flagranter und bewusster Missachtung des Rio-Paktes[4] aus dem Jahre 1947 [...], der Traditionen unserer Nation und unserer Hemisphäre [...] sowie meiner eigenen öffentlichen Warnungen an die Sowjets vom 4. und 13. September 1962 dar. Diese Handlung widerspricht auch den wiederholten Zusicherungen sowjetischer Sprecher, die sowohl öffentlich als auch privat abgegeben wurden, dass der Rüstungsaufbau in Kuba seinen ursprünglich defensiven Charakter behalten würde und dass die Sowjetunion es weder nötig habe noch wünsche, strategische Raketen auf dem Territorium irgendeiner anderen Nation zu stationieren. [...]

Ich appelliere an Ministerpräsident Chruschtschow, diese heimliche, unbesonnene und provokatorische Bedrohung des Weltfriedens und der stabilen Beziehungen zwischen unseren beiden Ländern zu beenden. Ich appelliere ferner an ihn, dieses Streben nach Weltherrschaft aufzugeben und sich an einem historischen Bemühen zu beteiligen, das gefährliche Wettrüsten zu beenden und die Geschichte der Menschheit zu wandeln. Er hat jetzt eine Gelegenheit, die Welt vor dem Abgrund der Vernichtung zu bewahren, indem er sich auf die Worte seiner eigenen Regierung besinnt, dass keine Notwendigkeit für die Stationierung von Raketen außerhalb des eigenen Territoriums besteht, und diese Waffen aus Kuba abzieht."

(Archiv der Gegenwart, 26./28.10.1962, S. 10193f.)

M 2: Aus Kennedys „Quarantäne"-Proklamation (24. 10. 1962)

„Angesichts der Tatsache, dass in einer vom amerikanischen Kongress verabschiedeten und am 3. Oktober 1962 gebilligten gemeinsamen Resolution erklärt wurde, dass die Vereinigten Staaten entschlossen sind, mit allen etwa erforderlichen Mitteln, einschließlich der Anwendung von Waffengewalt, das marxistisch-leninistische Regime auf Kuba daran zu hindern, durch Gewalt oder Gewaltandrohung seine aggressiven oder umstürzlerischen Tätigkeiten auf andere Teile dieser Hemisphäre auszudehnen und zu verhindern, dass in Kuba ein von außen unterstütztes militärisches Potenzial aufgebaut oder eingesetzt wird, das die Sicherheit der Vereinigten Staaten gefährdet, [...] und um zu verhindern, dass die Raketen mit offensiver Kapazität auf Kuba jemals eine aktive Bedrohung des Friedens und der Sicherheit des Kontinents werden: – proklamiere ich, John F. Kennedy, Präsident der Vereinigten Staaten von Nordamerika, [...] hiermit, dass die unter meinem Befehl stehenden Streitkräfte angewiesen sind, vom 24. Oktober 1962, 2 Uhr nachmittags Greenwicher Zeit an die Auslieferung von Offensivwaffen und hiermit in Verbindung stehendem Material an Kuba gemäß den in dieser Anordnung enthaltenen Anweisungen zu unterbinden [...].

[4] Anläßlich der panamerikanischen Konferenz von Petropolis wurde 1947 im sogenannten „Rio-Pakt" die Gründung der Organisation Amerikanischer Staaten (OAS) beschlossen.

Dies schließt auch die Festlegung von Verbots- und Sperrzonen in angemessener Entfernung von Kuba und vorgeschriebener Kurse ein. Jedes Schiff oder Boot, das in Richtung Kuba fährt, kann angehalten und angewiesen werden, sich, seine Ladung, seine Ausrüstung und Vorräte sowie seine Bestimmungshäfen zu identifizieren, zu stoppen, beizudrehen, ein Betreten und eine Durchsuchung zuzulassen oder einen vorgeschriebenen Kurs zu laufen. Jedes Schiff oder Boot, das sich diesen Anordnungen entzieht oder sich weigert ihnen nachzukommen, wird aufgebracht werden [...]."

(Archiv der Gegenwart 1962, S. 10197f.)

M 3: Aus Chruschtschows Antwort auf Kennedys „Quarantäne"-Proklamation (26.10.1962)

„Ich versichere Ihnen im Namen der sowjetischen Regierung und des sowjetischen Volkes, dass Ihre Schlussfolgerungen in Bezug auf Offensivwaffen auf Kuba vollkommen unbegründet sind. [...] Alle Waffen dort – das versichere ich Ihnen – sind defensiver Art; sie sind ausschließlich zu Verteidigungszwecken in Kuba gedacht und wir haben sie auf Bitten der kubanischen Regierung nach Kuba entsandt. [...] Sie haben nun piratenhafte Maßnahmen der Art angekündigt, die man im Mittelalter praktiziert hat, als man Schiffe überfiel, die internationale Gewässer befuhren; und Sie haben das eine „Quarantäne" um Kuba genannt. Unsere Schiffe werden wahrscheinlich bald die Zone erreichen, in der Ihre Kriegsmarine patrouilliert. [...]

Lassen Sie uns deshalb staatsmännische Klugheit beweisen. Ich schlage vor: Wir erklären unsererseits, dass unsere Schiffe mit Kurs auf Kuba keine Waffen an Bord haben. Sie erklären, dass die Vereinigten Staaten weder mit eigenen Truppen eine Invasion in Kuba durchführen werden noch andere Truppen unterstützen werden, die eine Invasion in Kuba planen könnten. Damit hätte sich die Präsenz unserer Militärexperten in Kuba erübrigt."

(Bernd Greiner, Kuba-Krise. 13 Tage im Oktober, Nördlingen (Greno) 1988, S. 319ff.)

M 4: Aus dem Brief des kubanischen Ministerpräsidenten Fidel Castro an Chruschtschow (26.10.1962)

„Wenn [...] die Imperialisten Kuba mit dem Ziel überfallen, es zu besetzen, ist die Gefahr einer derart aggressiven Politik für die Menschheit so groß, dass danach die Sowjetunion nie wieder eine Situation entstehen lassen dürfte, in welcher die Imperialisten gegen sie den ersten Schlag eines Atomkriegs durchführen könnten. Ich erkläre Ihnen dies, da ich glaube, dass die Aggressivität der Imperialisten extrem gefährlich wird und, wenn sie einen solch brutalen Akt wie die Invasion auf Kuba schließlich durchführten – wobei sie universelles Recht und Gesetz verletzen würden –, dann wäre dies der Zeitpunkt, um eine derartige Gefahr für immer zu eliminieren. Es würde sich um einen völlig gerechtfertigten Akt der Notwehr handeln, so hart und schrecklich die Lösung auch sein möge, denn es würde keine andere geben."

(Vierteljahrshefte für Zeitgeschichte 41 (1993), S. 83)

M 5: Aus der zweiten Botschaft Chruschtschows an Kennedy (27.10.1962)

„Sie wollen die Sicherheit Ihres Landes gewährleisten und dies ist verständlich. Das will aber auch Kuba. Alle Länder wollen ihre Sicherheit gewährleisten. Wie aber sollen wir, die Sowjetunion, soll unsere Regierung Ihre Handlungen bewerten, die darin Ausdruck finden, dass Sie die Sowjetunion mit Militärstützpunkten eingekreist haben, buchstäblich rings um unser Land Militärstützpunkte angelegt und dort Raketenwaffen stationiert haben? Das ist kein Geheimnis. Verantwortliche amerikanische Männer erklären dies demonstrativ. Ihre Raketen sind in Großbritannien stationiert, sie sind in Italien stationiert und sie sind gegen uns gerichtet. Ihre Raketen sind in der Türkei stationiert. Sie sind wegen Kuba beunruhigt. Sie sagen, dass es Sie beunruhigt, weil es 90 Seemeilen von der Küste der USA entfernt liegt. Doch die Türkei liegt in unserer Nähe, unsere Wachtposten gehen auf und ab und blicken einander an. Sie halten sich also für berechtigt, für Ihr Land Sicherheit und die Entfernung jener Waffen zu fordern, die Sie als offensiv bezeichnen, erkennen aber uns dies Recht nicht zu. Sie haben doch zerstörende Raketenwaffen, die Sie offensiv nennen, in allernächster Nähe von uns, in der Türkei stationiert. Wie vereinbart sich denn aber die Anerkennung unserer in militärischer Beziehung gleichen Möglichkeiten mit solchen ungleichen Verhältnissen zwischen unseren großen Staaten? Dies ist keineswegs miteinander zu vereinbaren. [...]

Deshalb mache ich den Vorschlag: Wir willigen ein, die Mittel aus Kuba zu entfernen, die Sie für offensive Mittel halten. Wir willigen ein, dies zu tun und in der UNO eine entsprechende Verpflichtung abzugeben. Ihre Vertreter geben eine Erklärung ab, dass die USA, der Beunruhigung und Besorgnis des Sowjetstaates Rechnung tragend, ihrerseits ihre entsprechenden Mittel aus der Türkei entfernen. Lassen Sie uns eine Vereinbarung treffen, welche Zeit für Sie und für uns notwendig ist, um dies zu verwirklichen. [...]

Um den Völkern Kubas und der Türkei Genugtuung und Hoffnung zu geben und sie im Vertrauen auf ihre Sicherheit zu bestärken, werden wir nach Übernahme dieser Verpflichtung im Rahmen des Sicherheitsrats eine Erklärung abgeben, dass die Sowjetunion feierlich verspricht, die Unantastbarkeit der Grenzen und die Souveränität der Türkei zu respektieren [...]. Die gleiche Erklärung wird die amerikanische Regierung im Rahmen des Sicherheitsrats in Bezug auf Kuba abgeben."

(Archiv der Gegenwart, 28.10.1962, S. 10201)

M 6: Aus der Antwortbotschaft Kennedys an Chruschtschow (27.10.1962)

„Was [...] als erstes getan werden muss, ist die Arbeit an den offensiven Raketenstützpunkten auf Kuba einzustellen und alle Waffensysteme auf Kuba, die für offensive Zwecke benutzt werden können, einsatzunfähig zu machen, und zwar unter wirksamen Vorkehrungen der Vereinten Nationen. [...] Wie ich aus Ihrem Schreiben [...] entnehme, sind die Kernpunkte Ihrer Vorschläge, die – so wie ich sie verstehe – im Allgemeinen annehmbar erscheinen, die folgenden: 1. Sie würden der Beseitigung dieser Waffensysteme unter angemessener Beobachtung und Überwachung der Vereinten Nationen zustimmen und sich unter geeigneten Garantien verpflichten, die weitere Einfuhr solcher Waffen nach Kuba zu stoppen. 2. Wir würden unsererseits nach Ausarbeitung entsprechender Vereinbarungen [...] zustimmen: a) sofort die jetzt bestehenden Sperrmaßnahmen aufzuheben und b) Garantien gegen eine Invasion Kubas zu geben. Ich bin überzeugt, dass andere Nationen der westlichen Hemisphäre bereit sind, dies ebenfalls zu tun."

(Archiv der Gegenwart 32 (1962), S. 10200ff.)

San Cristobal auf Kuba, wo im Oktober 1962 sowjetische Mittelstreckenraketen [MRBM = Medium Range Ballistic Missiles] stationiert wurden. Das Foto eines US-Aufklärungsflugzeugs dokumentiert, dass entsprechend der Vereinbarung zwischen Kennedy und Chruschtschow am 1. November der Rücktransport der Raketen in die Sowjetunion bereits im Gange ist.

M 7: Mitteilung von General Maxwell Taylor, dem Vorsitzenden der Vereinigten Stabschefs, an Kennedy (27. 10. 1962)

„Herr Präsident, die Stabschefs haben sich im Lauf des Nachmittags getroffen [...]. Dies ist ihre Empfehlung: Der große Luftangriff [„the big strike"] gemäß Einsatzplan OP-Plan 3 – 12 soll nicht später als am Montagmorgen, am 29., ausgeführt werden, wenn es bis dahin keine unwiderlegbaren Beweise gibt, dass die Offensivwaffen abgebaut und unbrauchbar gemacht werden. Die Ausführung des Angriffsplans soll Teil des Invasionsplans sein."

(Bernd Greiner, Kuba-Krise. 13 Tage im Oktober, Nördlingen (Greno) 1988, S. 362)

M 8: US-Luftwaffengeneral David A. Burchinal im Rückblick (1975)

„An all unseren strategischen Atomwaffen führten wir den Count-down bis zur Gefechtsbereitschaft durch, einschließlich der Zielerfassung, und wir sorgten dafür, dass sie [die Sowjets] es verdammt noch mal sahen, dass aber niemand darüber sprach. Das war nun alles da. Gleichzeitig gingen wir nach Florida – ich dachte, es würde im Meer versinken, so viele Flugzeuge, Bomben und Raketen transportierten wir nach Florida. Wir hatten genug, um Kuba buchstäblich von einem Ende zum anderen einzunehmen, und wir hätten jede beliebige Option, die sie wollten, umsetzen können. Invasion oder Luftangriff, wir konnten es. [...]
Chruschtschow sah die umfassenden Vorbereitungen, die wir getroffen hatten, und er wusste, dass wir ihn zum Handeln aufgefordert hatten. Er hatte keine andere Möglichkeit als sie abzuziehen und zurückzuholen. Die Militärs sahen die Lage sehr klar."

(Bernd Greiner, Kuba-Krise. 13 Tage im Oktober, Nördlingen (Greno) 1988, S. 284f.)

M 9: Mitteilung von Robert Kennedy, Bruder des Präsidenten, an den sowjetischen Botschafter Dobrynin (27. 10. 1962)

„Wir müssten morgen die Zusicherung haben, dass diese Raketenbasen abgebaut würden. Meine Erklärung bedeute kein Ultimatum, sondern eine Feststellung der Tatsachen. Wenn die Sowjetunion diese Basen nicht entferne, würden wir sie entfernen."

(Robert Kennedy, 13 Tage. Wie die Welt beinahe unterging. Darmstadt (Verlag Darmstädter Blätter) 1982, S. 100)

M 10: Aus der Antwortbotschaft Chruschtschows an Kennedy (28. 10. 1962)

„Um den gefährlichen Konflikt schneller zu liquidieren [...] hat die sowjetische Regierung [...] zur Einstellung der weiteren Arbeiten an den Waffenbaustellen eine neue Anordnung zur Demontage der Waffen, [...] zu ihrer Verpackung und Rückführung in die Sowjetunion erlassen."

(Robert Kennedy, 13 Tage. Wie die Welt beinahe unterging. Darmstadt (Verlag Darmstädter Blätter) 1982, S. 100)

M 11: Rückblick in amerikanischer Perspektive – US-Verteidigungsminister Robert McNamara (1987)

„Am 14. Oktober 1962 kehrte ein U-2-Aufklärungsflugzeug mit dem fotografischen Beweis zurück, dass die UdSSR Atomraketen nach Kuba verlegt hatte. Ihre Reichweite hätte für einen Angriff auf die am dichtesten besiedelten Gebiete unserer Ostküste genügt.
Es stimmt, dass wir damals eine strategische Atomstreitmacht von etwa 5000 Gefechtsköpfen im Vergleich zu den 300 der Sowjets hatten. Aber trotz dieser zahlenmäßigen Überlegenheit von 17 : 1 glaubten wir nicht, dass wir über die Fähigkeit verfügten, einen erfolgversprechenden „Erstschlag" gegen die UdSSR zu führen. Es ist dennoch möglich, dass die Sowjets fürchteten, wir könnten dies tun. Dadurch angespornt mögen sie versucht haben, den Umfang ihrer Vergeltungsstreitkräfte zu erhöhen, indem sie Raketen mit relativ geringer Reichweite von sowjetischem Territorium aus nach Kuba verschifften und so die Zahl der Waffen erhöhten, die unser Land bedrohten.
Wie dem auch sei, die USA waren ja schon durch die Kräfteverhältnisse vor der Stationierung von Raketen auf Kuba vor einem Erstschlag „abgeschreckt" gewesen. Nach Ansicht vieler in der Administration änderte folglich das sowjetische Vorgehen das militärische Kräfteverhältnis

nicht. Es war hingegen ein politischer Schachzug, dem man entgegentreten musste. Es gab zwei Denkschulen, wie dies bewerkstelligt werden sollte:
Eine Gruppe, zu der die Mehrheit von Präsident Kennedys Beratern gehörte, meinte, wir sollten die Raketen durch einen Luftangriff zu zerstören suchen. Sie räumte ein, dass ein solcher Angriff mit an Sicherheit grenzender Wahrscheinlichkeit eine unterstützende Invasion benötigen würde, die auf amerikanischer Seite zu Verlusten von 25 000 Mann und bei den Kubanern zu einer entsprechenden Zahl von Toten und Verwundeten führten dürfte. Diese Berater räumten ferner ein, dass unsere militärische Überlegenheit in der Hemisphäre den Erfolg der Luftangriffe und der Invasion garantieren, die Sowjetunion jedoch sehr wahrscheinlich mit militärischen Aktionen gegen die Flanken oder gar den Zentralabschnitt der NATO antworten würde.
Die Gegner der Luftangriffe empfahlen eine Quarantäne, die sowjetische Nachschublieferungen nach Kuba bis zum Rückzug der Raketen unterbinden sollte. Der Präsident entschied sich für die zweite Option. Die Quarantäne wurde am 24. Oktober errichtet. Am 25. Oktober näherte sich ein sowjetischer Tanker der Quarantäne-Linie und obwohl ein US-Zerstörer (die „Joseph P. Kennedy jr.") längsseits ging, weigerte sich der Sowjet-Kapitän die Maschinen zu stoppen. Die drängende Frage lautete: Wie sollten die USA reagieren? [...] Der Tanker durfte die Quarantäne-Linie passieren und die diplomatischen Kontakte wurden fortgesetzt.
Am Freitagabend, dem 26. Oktober, erhielten wir die außergewöhnlichste diplomatische Note, die ich je gesehen habe. Das Telex war etwa zwei Meter lang und bestand aus einer weitschweifigen, von Chruschtschow unterzeichneten Botschaft. Den Text hatte offensichtlich ein Mensch diktiert, der unter extremem emotionalen Druck stand. Die Quintessenz lautete: „Wir befinden uns in einem Tauziehen, bei dem jeder an einem Ende des Seils zieht und so einen Knoten schürzt, den keiner von uns mehr lösen kann, wenn er erst einmal zugezogen ist." Falls die Ereignisse sich so wie bisher weiterentwickeln würden, müssten sie unvermeidlich zum Krieg führen. Und er fügte hinzu: „Falls ein Krieg ausbrechen sollte, steht es nicht in unserer Macht ihn zu beenden – Krieg endet erst dann, wenn er durch Städte und Dörfer gefegt ist und überall Tod und Zerstörung gesät hat."
Am Samstagvormittag kam eine zweite Botschaft an. Sie war härter, kühl-berechnender drohend und eindeutig eher das Produkt einer Gruppenentscheidung als die Handschrift einer Einzelperson. Im Laufe des Samstags erhöhten sich die Spannungen weiter. Neue Aufklärungsfotos legten nahe, dass die Sowjets die Arbeiten an den Raketenstellungen fortsetzten. In Florida bereiteten sich US-Streitkräfte auf eine Invasion Kubas vor. Ein weiteres Sowjet-Schiff näherte sich der Quarantäne-Grenze. [...] Vor diesem Hintergrund entschlossen wir uns, auf Chruschtschows erste, weniger drohend klingende Note zu antworten. Wir hoben hervor, dass wir nicht die Absicht hätten, eine Invasion von Kuba durchzuführen, wenn die Sowjets ihre Offensivwaffen aus der Hemisphäre abzögen. Aber wir machten deutlich, dass weitere Aktionen unsererseits auf dem Fuße folgen würden, wenn die Raketen nicht wieder verschwänden. Ich will nicht darüber spekulieren, welche „weiteren Aktionen" dies hätten sein können. Aber als ich an jenem wunderbaren Herbstabend das Weiße Haus verließ und durch den Garten zu meinem Auto ging, um ins Pentagon zurückzukehren, befürchtete ich, den nächsten Samstagabend nicht mehr zu erleben. [...] Am Sonntag informierte Chruschtschow den Präsidenten darüber, dass er Anordnungen zum Abbau der Raketenstellungen sowie zum Abzug der Raketen und Bomberflugzeuge von Kuba gegeben habe."

(Robert McNamara, Blindlings ins Verderben. Reinbek (Rowohlt) 1987, S. 11 – 19)

M 12: Rückblick in sowjetischer Perspektive – Sergo Mikojan, Chefredakteur der Moskauer Zeitschrift „America Latina" und Sohn des Ersten Stellvertreters Chruschtschows (1987)

„Frage: Viele Kritiker sehen im Gefolge der Kuba-Krise negative Entwicklungen, so wird behauptet, die sowjetische Raketenrüstung sei beschleunigt worden – einfach deshalb, weil man nicht noch einmal in einer Konfliktsituation militärisch derart im Hintertreffen sein wollte. Ein sowjetischer Diplomat brachte dies gegen John McCloy [Kennedys Sonderbeauftragter für Abrüstungsfragen 1961 – 1963] auf die kurze Formel: „So etwas werdet ihr mit uns nie wieder machen können." Stimmen Sie dieser Kritik zu?
Mikojan: Ich schließe nicht aus, dass unsere Raketenrüstung unmittelbar mit diesen dreizehn Tagen zusammenhing – womit ich aber nicht sagen will, diese Aufrüstung sei der richtige Weg gewesen. Aber es war verständlich. Man muss bedenken, dass die Amerikaner im Oktober 1962 bei den Sprengköpfen 17 : 1 überlegen waren und dann konnten wir noch nicht einmal 40 Mittelstreckenraketen auf Kuba stationieren. Daraus folgerten viele Militärs und auch das Präsidium [des ZK der KPdSU], dass diese Ungleichheit beseitigt werden müsse und dass wir mehr Raketen haben sollten, insbesondere Interkontinentalraketen. Sie waren der Meinung, dass eine amerikanische Überlegenheit auf diesem Sektor gefährlich sei."

(Bernd Greiner, Kuba-Krise. 13 Tage im Oktober. Nördlingen (Greno) 1988, S. 412f.)

7. Der Übergang zur Entspannungspolitik

M 1: Aus einer Rede Nikita S. Chruschtschows, Erster Sekretär des Zentralkomitees der KPdSU, vor dem 20. Parteikongress (14. 2. 1956)

„Das Leninsche Prinzip des friedlichen Nebeneinanderbestehens von Staaten mit verschiedenen sozialen Systemen war und bleibt die Generallinie der Außenpolitik unseres Landes. Man sagt, die Sowjetunion vertrete das Prinzip des friedlichen Nebeneinanderbestehens nur aus taktischen, konjunkturbedingten Erwägungen heraus. Es ist jedoch bekannt, dass wir uns auch früher, von den ersten Jahren der Sowjetmacht an, mit derselben Beharrlichkeit für die friedliche Koexistenz einsetzten. Also ist dies kein taktischer Schachzug, sondern der Leitsatz der sowjetischen Außenpolitik.
Das bedeutet, dass eine Gefahr für die friedliche Koexistenz der Länder mit verschiedenen sozialen und politischen Systemen, soweit sie tatsächlich besteht, keineswegs von der Sowjetunion, keineswegs vom sozialistischen Lager ausgeht. Hat ein sozialistischer Staat auch nur einen Beweggrund für die Entfesselung eines aggressiven Krieges? Haben wir etwa Klassen oder Gruppen, die am Krieg als einem Bereicherungsmittel interessiert sind? Nein. [...] Haben wir vielleicht wenig Land und Naturschätze, mangelt es uns vielleicht an Rohstoffquellen oder an Absatzmärkten

für unsere Waren? Nein, das haben wir alles im Überfluss. Wozu sollten wir also einen Krieg brauchen? Wir brauchen ihn nicht, wir lehnen grundsätzlich eine Politik ab, die Millionen Menschen im eigennützigen Interesse einer Handvoll Milliardäre in den Krieg stürzt. [...] Die Ideologen der Bourgeoisie entstellen die Tatsachen, indem sie vorsätzlich die Fragen des ideologischen Kampfes mit den Fragen der Beziehungen zwischen den Staaten in einen Topf werfen um die Kommunisten der Sowjetunion als aggressiv darzustellen. Wenn wir davon sprechen, dass im Wettbewerb der beiden Systeme – des kapitalistischen und des sozialistischen – das sozialistische System siegen wird, so bedeutet das keineswegs, dass der Sieg durch eine bewaffnete Einmischung der sozialistischen Länder in die inneren Angelegenheiten der kapitalistischen Länder erreicht wird. Unsere Überzeugung vom Sieg des Kommunismus beruht darauf, dass die sozialistische Produktionsweise entscheidende Vorzüge gegenüber der kapitalistischen hat. [...]
Das Prinzip der friedlichen Koexistenz findet immer breitere internationale Anerkennung. Das ist auch logisch, weil es unter den gegenwärtigen Verhältnissen keinen anderen Ausweg gibt. In der Tat, es gibt nur zwei Wege: entweder friedliche Koexistenz oder der verheerendste Krieg der Geschichte. Etwas Drittes gibt es nicht."

(Boris Meissner, Das Ende des Stalin-Mythos. Die Ergebnisse des 20. Parteikongresses der KPdSU. Frankfurt/Main (Inst. für europ. Politik und Wirtschaft) 1956, S. 106ff.)

M 2: Botschaft des US-Präsidenten John F. Kennedy an den Kongress (28. 3. 1961)

„Das Hauptziel unserer Rüstung ist Frieden und nicht Krieg – sicherzustellen, dass unsere Waffen nie benutzt werden müssen – vor allen Kriegen abzuschrecken, seien es nun allgemeine oder begrenzte mit Kernwaffen oder mit konventionellen Waffen geführte, große oder kleine Kriege – alle potenziellen Aggressoren davon zu überzeugen, dass jeder Angriff töricht wäre – das Rückgrat für diplomatische Lösungen und Streitfragen zu schaffen – dafür zu sorgen, dass unsere Verhandlungsposition für eine Beendigung des Wettrüstens stark genug ist. Die Grundprobleme, vor denen die Welt heute steht, sind nicht für eine militärische Lösung geschaffen. Weder unsere Strategie noch unsere Haltung als Nation – und sicherlich nicht unsere Wirtschaft – dürfen von der ständigen Aufrechterhaltung einer großen militärischen Einrichtung abhängig werden. Unsere Verteidigungspolitik muss elastisch genug und unter Kontrolle sein, um mit unseren Bemühungen zur Erforschung aller Möglichkeiten in Einklang zu stehen, um jeden Schritt zur Verringerung der Spannungen tun zu können und um friedliche Lösungen sowie eine Sicherung der Rüstungsbegrenzungen zu erreichen. Die Diplomatie und die Verteidigung sind nicht mehr länger einander ausschließende Alternativen, von denen die eine herangezogen wird, wenn die andere fehlschlägt – beide müssen einander ergänzen.
Die so schwierige und so dringende Abrüstung ist seit 1945 so viel erörtert worden, jedoch konnte kein Fortschritt erzielt werden. [...] Dieser Haushalt steht in vollem Einklang mit unserem tiefen Wunsch nach ernsthaften Verhandlungen mit der anderen Seite über die Abrüstung. Wenn ein echter Fortschritt erreicht wird, dann wird in dem Maße, wie die Spannungen nachlassen, eine Verringerung in der Rüstung eintreten."

(Europa-Archiv, 1961, D 252–D 256)

M 3: Rede des US-Präsidenten John F. Kennedy vor der Universität Washington (10. 6. 1963)

„Ich spreche vom Frieden, weil der Krieg ein neues Gesicht bekommen hat. Ein totaler Krieg ist sinnlos in einem Zeitalter, in dem Großmächte umfassende und verhältnismäßig unverwundbare Atomstreitkräfte unterhalten können und sich weigern zu kapitulieren, ohne vorher auf diese Streitkräfte zurückgegriffen zu haben. Es ist sinnlos in einem Zeitalter, in dem eine einzige Atomwaffe fast das Zehnfache an Sprengkraft aller Bomben aufweist, die von den gesamten alliierten Luftstreitkräften während des Zweiten Weltkriegs abgeworfen wurden. Und er ist sinnlos in einem Zeitalter, in dem die bei einem Atomkrieg freigesetzten tödlichen Giftstoffe von Wind und Wasser, Boden und Saaten bis in die entferntesten Winkel des Erdballs getragen und sich selbst auf die noch ungeborenen Generationen auswirken würden. [...]
Ich spreche daher vom Frieden als dem zwangsläufigen vernünftigen Ziel vernünftiger Menschen. [...] Ich spreche jetzt nicht von der absoluten, nicht mehr fassbaren Idee des Weltfriedens und des guten Willens, von der einige Phantasten und Fanatiker immer noch träumen. [...] Wir sollten uns statt dessen auf einen praktischeren, erreichbareren Frieden konzentrieren, der nicht auf einer plötzlichen Revolution der menschlichen Natur, sondern auf einer allmählichen Evolution der menschlichen Institutionen basiert – auf einer Reihe von konkreten Maßnahmen und wirksamen Übereinkünften, die im Interesse aller Betroffenen liegen. [...]
Wir Amerikaner empfinden den Kommunismus als Verneinung der persönlichen Freiheit und Würde im tiefsten abstoßend. Dennoch können wir das russische Volk wegen vieler seiner Leistungen – sei es in der Wissenschaft und Raumfahrt, in der wirtschaftlichen und industriellen Entwicklung, in der Kultur und in seiner mutigen Haltung – rühmen.
Unter den vielen Zügen, die den Völkern unserer beiden Länder gemeinsam sind, ist keiner ausgeprägter als unsere beiderseitige Abscheu vor dem Krieg. Unter den großen Weltmächten haben wir – und dies ist beinahe einzigartig – niemals gegeneinander im Krieg gestanden. Wohl kein anderes Volk in der Geschichte hat mehr gelitten als das russische Volk im Verlauf des Zweiten Weltkriegs. [...]
Kurz gesagt: Beide, die Vereinigten Staaten und ihre Verbündeten sowie die Sowjetunion und ihre Verbündeten, haben ein gemeinsames tiefes Interesse an einem gerechten und wirklichen Frieden und einer Einstellung des Wettrüstens. Abkommen, die zu diesem Ziel führen, sind im Interesse der Sowjets wie auch im unsrigen."

(Europa-Archiv, Folge 11/1963, D 289ff.)

M 4: Grundsatzerklärung über die amerikanisch-sowjetischen Beziehungen, unterzeichnet anlässlich des Staatsbesuchs von US-Präsident Nixon in Moskau (29. 5. 1972)

„Die Vereinigten Staaten von Amerika und die Union der Sozialistischen Sowjetrepubliken sind [...] wie folgt übereingekommen:
1. Sie werden von dem gemeinsamen Schluss ausgehen, dass es im Nuklearzeitalter keine andere Alternative gibt, als die gegenseitigen Beziehungen auf der Grundlage einer friedlichen Koexistenz zu gestalten. Unterschiede in der Ideologie und in den Gesellschaftssystemen der USA und der UdSSR sind keine Hindernisse für die bilaterale Entwicklung normaler Beziehungen [...].

6. Die Vertragspartner werden ihre Bemühungen fortsetzen, die Rüstungen sowohl auf bilateraler als auch auf multilateraler Basis zu begrenzen. Sie werden weiterhin besondere Anstrengungen unternehmen, um die strategischen Rüstungen zu begrenzen. Wo immer möglich, werden sie konkrete Abkommen schließen, die der Erreichung dieser Ziele dienen.
Die USA und die UdSSR betrachten als das letztliche Ziel ihrer Bemühungen die Erreichung einer allgemeinen und vollständigen Abrüstung und die Errichtung eines wirksamen Systems der internationalen Sicherheit in Übereinstimmung mit den Zielsetzungen und Grundsätzen der Vereinten Nationen."

(Europa-Archiv, 1972, D 289–D 291)

M 5: Aus der Erklärung von US-Außenminister Henry Kissinger vor dem Außenpolitischen Ausschuss des Senats (19.9.1974)

„Seit dem Anbruch des Nuklearzeitalters haben sich die Ängste der Welt vor einer Katastrophe und ihre Hoffnungen auf Frieden dem Verhältnis zwischen den Vereinigten Staaten und der Sowjetunion zugewandt. [...] So tragisch die Folgen der Gewaltanwendung in der Vergangenheit gewesen sein mögen, heute ist die Frage von Krieg und Frieden von einer bisher nie da gewesenen Dringlichkeit, da zum ersten Mal in der Geschichte zwei Nationen über die Fähigkeit verfügen, die Menschheit zu vernichten. [...]
So sehr die beiden Haupt-Nuklearmächte auf manchen Ebenen ihrer Beziehungen in Konkurrenz stehen mögen, so müssen sie doch beide in ihrer Politik von der Prämisse ausgehen, dass keine von ihnen erwarten kann, der anderen ihren Willen aufzwingen zu können, ohne ein untragbares Risiko einzugehen. Die Herausforderung unserer Zeit besteht darin, die Realität der Konkurrenz mit dem Imperativ der Koexistenz zu vereinbaren. Es kann keine friedliche internationale Ordnung geben ohne ein konstruktives Verhältnis zwischen den Vereinigten Staaten und der Sowjetunion. Es wird keine internationale Stabilität geben, wenn sich nicht beide, die Sowjetunion und die Vereinigten Staaten, einer Zurückhaltung befleißigen und wenn sie nicht ihre gewaltige Macht zum Wohle der Menschheit einsetzen. [...]
Diese Politik wird von einigen Grundprinzipien geleitet:
Die Vereinigten Staaten können ihre Politik nicht lediglich auf die guten Absichten Moskaus gründen. Aber ebenso wenig können wir uns darauf versteifen, dass jede Bewegung vorwärts auf eine Konvergenz der amerikanischen und der sowjetischen Zielsetzung warten müsste. Was immer die sowjetischen Absichten sein mögen, wir sind bestrebt, dem Frieden durch einen systematischen Widerstand gegen Druck und durch versöhnliche Reaktionen auf gemäßigtes Verhalten zu dienen.
Wir müssen aggressiven Handlungen und verantwortungslosem Handeln entgegentreten. Aber wir dürfen die Konfrontation nicht leichthin suchen. [...]
Was den uralten Antagonismus zwischen Freiheit und Tyrannei angeht, so sind wir nicht neutral. Aber andere zwingende Notwendigkeiten legen unserer Fähigkeit Grenzen auf, innere Veränderungen in anderen Ländern zu bewirken. Das Bewusstsein unserer Grenzen entspringt der Erkenntnis der Notwendigkeit des Friedens – nicht moralischer Gefühllosigkeit. Die Erhaltung des menschlichen Lebens und der menschlichen Gesellschaft sind auch moralische Werte."

(Europa-Archiv, Folge 20/1974, S. 463f.)

„Bin gespannt, was denen drüben nach Helsinki noch alles einfällt."
Karikatur von Walter Hanel, Bundesrepublik Deutschland, 1975.

M 6: Aus der Schlussakte der „Konferenz für Sicherheit und Zusammenarbeit in Europa" (KSZE) in Helsinki (1.8.1975)

„Erklärung über die Prinzipien, die die Beziehungen der Teilnehmerstaaten leiten:
I. Souveräne Gleichheit, Achtung der der Souveränität innewohnenden Rechte
II. Enthaltung von der Androhung oder Anwendung von Gewalt
III. Unverletzlichkeit der Grenzen
IV. Territoriale Integrität der Staaten
V. Friedliche Regelung von Streitfällen
VI. Nichteinmischung in innere Angelegenheiten
VII. Achtung der Menschenrechte und Grundfreiheiten, einschließlich der Gedanken-, Gewissens-, Religions- oder Überzeugungsfreiheit
VIII. Gleichberechtigung und Selbstbestimmungsrecht der Völker

Bundeskanzler Helmut Schmidt (vorne rechts) und DDR-Staatsratsvorsitzender Erich Honecker (vorne links) bei der Abschlusssitzung der Konferenz für Sicherheit und Zusammenarbeit in Europa, Helsinki 1. August 1975.

IX. Zusammenarbeit zwischen den Staaten
X. Erfüllung völkerrechtlicher Verpflichtungen nach Treu und Glauben."

(Die Bundesregierung informiert: Sicherheit und Zusammenarbeit in Europa. Bonn 1975, S. 29ff.)

M 7: Aus der Erklärung Leonid Breschnews, des Generalsekretärs der KPdSU, vor Unterzeichnung der KSZE-Schlussakte von Helsinki (31.7.1975)

„Möglichkeiten der Zusammenarbeit gibt es jetzt auch auf Gebieten, wo sie in den Jahren des Kalten Krieges undenkbar war, zum Beispiel den stärkeren Informationsaustausch im Interesse von Frieden und Völkerfreundschaft. [...] Die Konferenz hat eine Reihe wichtiger Vereinbarungen beschlossen, die die politische Entspannung durch die militärische ergänzen. Das ist ebenfalls eine qualitativ neue Stufe bei der Stärkung des Vertrauens zwischen den Staaten. [...] Wir gehen davon aus, dass alle auf der Konferenz vertretenen Länder die erzielten Vereinbarungen in die Tat umsetzen werden. Was die Sowjetunion betrifft, so wird sie dies tun. [...]
Aus den Arbeitserfahrungen der Konferenz ergeben sich auch für die Zukunft wichtige Schlussfolgerungen. Die wichtigste von ihnen – sie ist im Abschlussdokument niedergelegt – lautet: Niemand darf aus diesen oder jenen außenpolitischen Erwägungen heraus anderen Völkern zu diktieren versuchen, wie sie ihre inneren Angelegenheiten zu regeln haben. Das Volk eines jeden Staates, und nur es allein, hat das souveräne Recht, über seine inneren Angelegenheiten zu entscheiden und seine inneren Gesetze zu erlassen. Jedes andere Verhalten wäre ein unsicherer und gefährlicher Boden für die internationale Zusammenarbeit."

(Leonid Breschnew, Auf dem Wege Lenins. Band 5, Berlin (Dietz) 1977, S. 367ff.)

M 8: US-Präsident Gerald Ford über den Begriff „Détente" (1.3.1976)

„Der Prozess der „Détente" [...] zielt auf gesündere und sicherere Beziehungen zwischen uns und der UdSSR ab. Er vertritt unsere besten Bestrebungen, den Kalten Krieg abzukühlen, der gelegentlich unangenehm heiß geworden war. Für mich bedeutet „Détente" ein glühendes Verlangen nach Frieden – aber nicht Frieden um jeden Preis. Es bedeutet die Erhaltung der amerikanischen Grundprinzipien – und nicht deren Aufopferung. Es bedeutet die Erhaltung der Stärke, um uns vor unseren Gegnern Respekt zu verschaffen und unseren Freunden eine Führung zu sein – indem wir weder unsere Wachsamkeit verringern noch unsere Verteidigung entblößen oder unsere Verbündeten vernachlässigen. Es bedeutet friedliche Rivalität zwischen politischen und wirtschaftlichen Systemen – nicht die Zügelung unserer Wettbewerbsbestrebungen."

(Keesing's Archiv der Gegenwart, XLVI. Jahrgang, 1976, S. 20061)

M 9: Aus der Antrittsrede des US-Präsidenten Jimmy Carter (20.1.1977)

„Wir sind eine starke Nation und wir werden diese Stärke aufrechterhalten, die so groß ist, dass sie erst gar nicht im Kampfe erprobt zu werden braucht, – eine gelassene Stärke, die sich nicht nur auf die Größe eines Waffenarsenals stützt, sondern auf den Adel der Ideen. Wir werden immer wachsam sein und niemals verwundbar und wir werden unsere Kriege gegen Armut, Unwissenheit und Ungerechtigkeit führen, denn das sind die Gegner, gegen die unsere Kräfte ehrenhaft aufgeboten werden können. Wir sind eine Nation, die stolz ist auf ihren Idealismus, aber möge niemand unseren Idealismus mit Schwäche verwechseln. Eben weil wir frei sind, können wir gegenüber dem Schicksal der Freiheit anderswo niemals gleichgültig sein. Unsere moralische Einstellung zwingt uns zu einem eindeutigen Vorzug derjenigen Gesellschaften, die mit uns einen tiefen Respekt vor den Menschenrechten des Einzelnen teilen. Wir wollen niemanden drängen, aber es liegt auf der Hand, dass in einer Welt, die von anderen schamlos beherrscht werden kann, wenig Raum für Anstand und Würde und eine Bedrohung des Wohlergehens aller Menschen gegeben wäre."

(Keesing's Archiv der Gegenwart, XLVII. Jahrgang, 1977, S. 20733)

M 10: Aus einer Rede des US-Präsidenten Jimmy Carter (22.5.1977)

„Da wir vertrauensvoll in unsere eigene Zukunft blicken, sind wir jetzt frei von dieser übertriebenen Furcht vor dem Kommunismus, die uns einst dazu veranlasst hat, jeden Diktator zu umarmen, der diese Furcht mit uns teilte. Zu viele Jahre lang waren wir bereit, die brüchigen Prinzipien und Taktiken unserer Gegner anzunehmen und manchmal unsere Wertvorstellungen zugunsten der ihrigen aufzugeben. Wir haben Feuer mit Feuer bekämpft und niemals daran gedacht, dass Feuer besser mit Wasser bekämpft wird. Dieses Konzept schlug fehl [...]. Unsere Politik muss offen und freimütig sein; sie muss eine Politik des konstruktiven weltweiten Engagements sein, die auf folgenden fünf Grundvoraussetzungen ruht:
Erstens sollte unsere Politik die grundlegende Verpflichtung unseres Volkes widerspiegeln, die Sache der Menschenrechte zu fördern.
Dann sollte unsere Politik sich auf eine enge Zusammenarbeit zwischen den industriellen Demokratien der Welt gründen, weil wir dieselben Wertmaßstäbe haben und weil wir gemeinsam dazu beitragen können, ein besseres leben für alle zu schaffen.
Auf der Grundlage einer starken Verteidigungskapazität muss unsere Politik auch versuchen, die Beziehungen zur Sowjetunion und zu China in einer Weise zu verbessern, die sowohl umfassender ist als auch auf größerer Gegenseitigkeit beruht. Auch wenn wir keine ideologischen Gegensätze überwinden können, müssen wir doch Anpassungen erreichen, die das Risiko des Krieges vermindern.
Unsere Politik muss ich ferner auf die Entwicklungsländer erstrecken, um Leiden zu mildern und um die Lücke zwischen den Reichen und den Armen dieser Welt zu verringern.
Schließlich muss unsere Politik alle Länder dazu ermutigen, sich über enge nationale Interessen zu erheben und gemeinsam nach Lösungen für solche überaus schwierigen weltweiten Probleme wie die Gefahr eines Atomkriegs, den Rassenhass, Umweltschäden, Hunger und Krankheit zu suchen."

(Stimmen der Weltkirche 19, Bischöfe zum Frieden, Bonn (Sekretariat der Deutschen Bischofskonferenz) 1983, S. 43ff.)

8. Im Schatten der Entspannung: Die Zerschlagung des „Prager Frühlings" 1968

M 1: Aus dem „Aktionsprogramm der Kommunistischen Partei der Tschechoslowakei" (KPC), angenommen auf der Plenartagung des ZK der KPC am 5.4.1968

„Ihre Fähigkeit, die Gesellschaft zu leiten, hat die [Kommunistische] Partei besonders in der gegenwärtigen Zeit

bewiesen, als sie aus eigener Initiative den Demokratisierungsprozess ausgelöst und seinen sozialistischen Charakter gesichert hat. [...] Sie verwirklicht ihre führende Rolle nicht dadurch, dass sie die Gesellschaft beherrscht, sondern dadurch, dass sie der freien, fortschrittlichen und sozialistischen Entwicklung am treuesten dient. Sie kann sich ihre Autorität nicht erzwingen, sondern muss sie immer aufs Neue durch ihre Taten gewinnen. Ihre Linie kann sich nicht durch Verordnungen durchsetzen, sondern nur durch die Arbeit ihrer Mitglieder und die Wahrhaftigkeit ihrer Ideale.
Die führende Rolle der Partei wurde in der Vergangenheit oft als Monopol, als Konzentration der Macht in der Hand der Parteiorgane aufgefasst. Das entsprach der falschen These, dass die Partei das Instrument der Diktatur des Proletariats sei. Diese schädliche Auffassung schwächte die Initiative und Verantwortung der staatlichen, wirtschaftlichen und gesellschaftlichen Institutionen [...]. Die Partei will und wird die gesellschaftlichen Organisationen nicht ersetzen, sie muss im Gegenteil dafür sorgen, dass sich deren Initiative und politische Verantwortung für die Einheit unserer Gesellschaft erneuert und weiter entfaltet. Aufgabe der Partei ist es, einen solchen Weg der Befriedigung verschiedener Interessen zu suchen, der die gesamtstaatlichen perspektiven Interessen nicht gefährdet, sondern ihnen im Gegenteil nützt und neue progressive Interessen schafft. Die Politik der Partei darf nicht dazu führen, dass die nichtkommunistischen Bürger das Gefühl haben, in ihren Rechten und Freiheiten durch die Partei eingeschränkt zu werden, sondern dass sie vielmehr in der Tätigkeit der Partei die Garantie ihrer Rechte, Freiheiten und Interessen sehen. [...]
Grundlage der Aktionsfähigkeit der Partei unter den neuen Bedingungen ist die ideelle und organisatorische Einheit, die auf der Basis breiter innerparteilicher Demokratie entsteht. Die wirksamste Waffe gegen das Eindringen von Methoden des bürokratischen Zentralismus in die Partei ist die Stärkung des Einflusses der Parteimitglieder auf die politische Linie, die Stärkung der Rolle aller wirklich demokratischen Organe. Die gewählten Organe der Partei sind vor allem dafür verantwortlich, dass alle Rechte der Mitglieder gewährleistet, dass Entscheidungen kollektiv getroffen werden und die Macht nicht in einer Hand konzentriert wird. [...] Die Partei ist sich dessen bewusst, dass es in unserer Gesellschaft keine tiefgreifendere Entwicklung der Demokratie geben kann, wenn nicht demokratische Grundsätze konsequent im inneren Leben und der Arbeit der Partei selbst unter Kommunisten zur Anwendung kommen. Die Entscheidungen über alle wichtigen Fragen und die Kaderbesetzung von Funktionen muss nach demokratischen Regeln der Behandlung und durch geheime Abstimmung erfolgen. [...] Dennoch aber haben sich bis zur heutigen Zeit in unserem ganzen politischen System die schädlichen Einflüsse der zentralistischen Entscheidung und Leitung erhalten. In den Beziehungen zwischen Partei, Staat und gesellschaftlichen Organisationen, in den inneren Beziehungen und Methoden dieser Komponenten, in den Beziehungen staatlicher und anderer Institutionen zu den Bürgern, in der Auffassung der Bedeutung der öffentlichen Meinung und der Informiertheit aller, in der Praxis der Kaderpolitik – überall dort kommen viele Dinge zum Ausdruck, die den Menschen das Leben vergällen [...].
Die Politik der Partei geht von der Forderung aus, dass es im ganzen Staatsmechanismus zu keiner allzu großen Konzentration der Macht innerhalb eines Gliedes, eines Apparates oder bei einer Einzelperson kommen darf. Man muss eine derartige Aufteilung der Machtbefugnisse und ein System gegenseitiger Kontrolle zwischen den einzelnen Gliedern festsetzen, dass die Fehler und Übergriffe des einen Gliedes beizeiten durch die Tätigkeit eines anderen korrigiert werden können. Dem müssen nicht nur die Beziehungen zwischen den gewählten und ausführenden Organen entsprechen, sondern auch die Beziehungen innerhalb des Mechanismus der staatlichen Exekutivmacht und Verwaltung und ebenso die Stellung und Funktion der Gerichte."

(Zdenek Mlynar, Nachtfrost. Erfahrungen auf dem Weg vom realen zum menschlichen Sozialismus. Köln (EVA) 1978, S. 325 – 327, 329, 340)

M 2: Aus einem Schreiben der Kommunistischen Parteien Bulgariens, Ungarns, der DDR, Polens und der UdSSR an das ZK der KPC (15. 7. 1968)

„Der gesamte Verlauf der Ereignisse in Ihrem Lande während der letzten Monate lässt keinen Zweifel daran, dass die von den imperialistischen Zentren unterstützten Kräfte der Konterrevolution eine breitangelegte Offensive gegen die sozialistische Ordnung entfaltet haben, ohne auf die erforderliche Zurückweisung von Seiten der Partei und der Volksmacht zu stoßen. [...] Die bürgerliche Presse geizt nicht mit Worten des Lobes für die „Demokratisierung" und „Liberalisierung" in der CSSR und hetzt zugleich gegen die sozialistischen Bruderländer. Besondere Aktivität entwickeln die herrschenden Kreise der westdeutschen Bundesrepublik, die die Ereignisse in der Tschechoslowakei auszunutzen versuchen, um Zwietracht zwischen den sozialistischen Ländern zu säen, die DDR zu isolieren und ihre revanchistischen Absichten zu verwirklichen.
Seht ihr denn diese Gefahr nicht, Genossen? [...] Nach unserer Überzeugung ist eine Situation entstanden, in welcher die Bedrohung der Grundlagen des Sozialismus in der Tschechoslowakei die gemeinsamen Lebensinteressen der übrigen sozialistischen Länder gefährdet. Die Völker unserer Länder würden uns ein gleichgültiges und sorgloses Verhalten zu einer solchen Gefahr niemals verzeihen."

(Der Fall CSSR. Frankfurt/Main, Hamburg 1968, S. 128ff.; zit. nach Alexander Fischer, Sowjetische Außenpolitik seit 1945. Stuttgart (Klett) 1985, S. 90f.)

M 3: Aus einer Meldung von Radio Prag (21. 8. 1968)

„Gestern, am 20. August gegen 23 Uhr, überschritten Einheiten der Sowjetunion, der Polnischen Volksrepublik, der Deutschen Demokratischen Republik, der Volksrepublik Ungarn und der Volksrepublik Bulgarien die Grenzen der Tschechoslowakischen Sozialistischen Republik. Es geschah ohne das Wissen des Präsidenten der Republik, des Präsidenten der Nationalversammlung, des Regierungschefs sowie des Ersten Sekretärs des Zentralkomitees der KPC und der zuständigen Organe. [...] Das Präsidium des ZK der KPC fordert alle Bürger auf, Ruhe zu bewahren und den Einheiten keinen Widerstand zu leisten. Deshalb haben auch die Einheiten der Armee und der Volksmiliz keinen Befehl zum Widerstand erhalten. Das ZK der KPC betrachtet diesen Akt als Verletzung der fundamentalen Prinzipien der Beziehungen zwischen sozialistischen Staaten und der Prinzipien des Völkerrechts."

(Weltgeschehen. Dokumentarische Berichte und Chronik in Vierteljahresbänden. München (Oldenbourg) 1968, S. 317)

M 4: Aus einer Meldung der sowjetischen Nachrichtenagentur TASS (21. 8. 1968)

„Partei- und Staatsfunktionäre der CSSR haben sich an die Sowjetunion und andere Bündnisstaaten mit der Bitte

Einmarsch von Truppen des Warschauer Pakts in der Tschechoslowakei 1968. Brennender sowjetischer Panzer vor dem Gebäude von Radio Prag am 21. August 1968, links Demonstranten mit der tschechischen Nationalflagge.

gewandt, dem tschechoslowakischen Brudervolk dringend Hilfe zu erweisen, einschließlich der Hilfe mit Streitkräften. Diese Bitte ist auf die Gefahr zurückzuführen, die der in der CSSR bestehenden sozialistischen Ordnung und der auf der Verfassung basierenden Staatlichkeit von Seiten der konterrevolutionären Kräfte droht, die mit den dem Sozialismus feindlichen Kräften ein Komplott eingegangen sind. [...] Die Sowjetregierung und die Regierungen der Bündnisstaaten [...] haben, ausgehend von den Prinzipien der unverbrüchlichen Freundschaft und Zusammenarbeit und auf Grund der bestehenden vertraglichen Verpflichtungen beschlossen, der erwähnten Bitte um die erforderliche Hilfe für das tschechoslowakische Brudervolk nachzukommen. Dieser Beschluss entspricht voll und ganz dem Recht der Staaten auf individuelle und kollektive Selbstverteidigung, das in Bündnisverträgen, die zwischen den sozialistischen Bruderländern bestehen, verankert ist. Dieser Beschluss entspricht auch den ureigensten Interessen unserer Länder bei der Verteidigung des europäischen Friedens gegen die Kräfte des Militarismus, der Aggression und der Revanche, die die europäischen Völker wiederholt in Kriege stürzten."

(Weltgeschehen. Dokumentarische Berichte und Chronik in Vierteljahresbänden. München (Oldenbourg) 1968, S. 318)

M 5: Aus einer Rede Leonid Breschnews vor dem V. Parteitag der Polnischen Vereinigten Arbeiterpartei (12. 11. 1968). Seine dort entwickelten Ausführungen werden als „Breschnew-Doktrin" bezeichnet.

„Die KPdSU ist stets dafür eingetreten, dass jedes sozialistische Land die konkreten Formen seiner Entwicklung auf dem Wege des Sozialismus unter Berücksichtigung der Besonderheiten seiner nationalen Bedingungen bestimmt. Genossen, bekanntlich bestehen aber auch allgemeine Gesetzmäßigkeiten des sozialistischen Aufbaus. Ein Abweichen von ihnen könnte zu einer Abkehr vom Sozialismus selbst führen. Und wenn die inneren und äußeren dem Sozialismus feindlichen Kräfte die Entwicklung irgendeines sozialistischen Landes auf die Restauration der kapitalistischen Ordnung zu lenken versuchen, wenn eine Gefahr für den Sozialismus in diesem Land, eine Gefahr für die Sicherheit der gesamten sozialistischen Staatengemeinschaft entsteht, ist das nicht nur ein Problem des Volkes des betreffenden Landes, sondern ein allgemeines Problem, um das sich alle sozialistischen Staaten kümmern müssen.

Es ist verständlich, dass eine Aktion zur Vereitelung einer Gefahr für die sozialistische Ordnung wie die militärische Hilfe für ein Bruderland eine außerordentliche, notgedrungene Maßnahme ist. Sie kann nur durch direkte Aktionen der Feinde des Sozialismus inner- und außerhalb des Landes hervorgerufen werden, durch Aktionen, die die gemeinsamen Interessen des sozialistischen Lagers gefährden."

(Leonid Breschnew, Auf dem Wege Lenins, Band 2, Berlin (Dietz) 1971, S. 343ff.)

9. Die „zweite Eiszeit" – der Nachwinter des Kalten Kriegs

M 1: Aus dem Rechenschaftsbericht Leonid Breschnews auf dem XXV. Parteitag der KPdSU (24. 2. 1976)

„In vielen befreiten Ländern vollzieht sich ein komplizierter Prozess der Abgrenzung der Klassenkräfte, schwillt der Klassenkampf an. Das tritt auf verschiedene Weise in Erscheinung. Neue fortschrittliche Wandlungen sind in der Wirtschaft und im politischen Leben der arabischen, afrikanischen und asiatischen Länder sozialistischer Orientierung eingetreten. [...] Manche Regimes und politische Organisationen, die sozialistische Ziele verkündet haben und progressive Umgestaltungen verwirklichen, wurden von der einheimischen und auswärtigen Reaktion einem starken Druck ausgesetzt. [...] nehmen Sie die Volksrepublik Angola. Kaum entstanden, wurde dieser fortschrittliche Staat zum Objekt einer ausländischen Aggression. Sie ist ein Werk des Imperialismus und der südafrikanischen Rassisten als geschworener Feinde eines unabhängigen Afrika, wie auch jener, die die schmähliche Rolle ihrer Helfershelfer übernommen haben. Deshalb fand der Kampf Angolas zur Verteidigung seiner Unabhängigkeit die Unterstützung der fortschrittlichen Kräfte in der ganzen Welt und der Erfolg dieses Kampfes ist zu einem weiteren Beweis dafür geworden, dass niemand den Freiheitswillen der Völker brechen kann.

Die Einstellung der Sowjetunion zu den komplizierten Prozessen in den Entwicklungsländern ist klar und bestimmt. Die Sowjetunion mischt sich in die inneren Angelegenheiten anderer Länder und Völker nicht ein. Die Achtung des geheiligten Rechts jedes Volkes, jedes Landes, seinen Entwicklungsweg zu wählen, ist ein unumstößliches Prinzip der Leninschen Außenpolitik. Aber wir machen aus unseren Ansichten kein Hehl. In den Entwicklungsländern wie überall stehen wir auf Seiten der Kräfte des Fortschritts, der Demokratie und der nationalen Unabhängigkeit und verhalten uns ihnen gegenüber wie zu unseren Freunden und Kampfgenossen.

Unsere Partei unterstützt die um ihre Freiheit ringenden Völker und wird sie auch künftighin unterstützen. Die Sowjetunion sucht hierbei keinerlei Vorteile für sich selbst, jagt keinen Konzessionen nach, erstrebt keine politische Vorherrschaft und trachtet nicht nach Militärstützpunkten. Wir handeln so, wie es uns unser revolutionäres Gewissen, unsere kommunistische Überzeugung gebieten. [...]

Manche bürgerlichen Politiker tun verwundert und schlagen Lärm über die Solidarität der sowjetischen Kommunisten, des sowjetischen Volkes mit dem Kampf anderer Völker für Freiheit und Fortschritt. Das ist entweder Naivität oder am ehesten vorsätzliche Hirnverkleisterung. Steht doch mit unüberbietbarer Klarheit fest, dass Entspannung und friedliche Koexistenz in den Bereich der zwischenstaatlichen Beziehungen fallen. Das bedeutet vor allem, dass Streitigkeiten und Konflikte zwischen den Ländern nicht durch Krieg, nicht durch Gewaltanwendung oder Gewaltandrohung beigelegt werden dürfen. Die Entspannung hebt die Gesetze des Klassenkampfes keineswegs auf und sie kann diese Gesetze weder aufheben noch abändern. Niemand kann damit rechnen, dass im Zeichen der Entspannung die Kommunisten sich mit kapitalistischer Ausbeutung abfinden."

(XXV. Parteitag der KPdSU. Dokumente und Resolutionen, Moskau 1976, S. 15ff., 42; zit. nach: Alexander Fischer, Sowjetische Außenpolitik seit 1945. Stuttgart (Klett) 1985, S. 114, 119)

M 2: Aus der Rede des US-Präsidenten Jimmy Carter vor Absolventen der Marineakademie in Annapolis (7.6.1978)

„Im Laufe der Jahre hat unser Land eine Annäherung an die Sowjetunion gesucht, wie aus dem österreichischen Friedensvertrag, dem Viermächte-Abkommen über Berlin, der Einstellung von Kernversuchen in der Atmosphäre, der gemeinsamen wissenschaftlichen Erforschung des Weltraums, Handelsabkommen, dem Vertrag über die Raketenabwehr-(ABM-)Systeme und aus dem Interimsabkommen über strategische Offensivwaffen und dem Abkommen über das begrenzte Versuchsverbot hervorgeht.

Die Bemühungen gehen heute weiter mit Verhandlungen über ein SALT-II-Abkommen, ein umfassendes Versuchsverbot für nukleare Sprengkörper, eine Verringerung des Transfers konventioneller Waffen an andere Länder, ein Verbot von Angriffen auf Satelliten im Weltraum, ein Abkommen zur Stabilisierung des Standes der Dislozierung von Streitkräften im Indischen Ozean und über verstärkten Handel und wissenschaftlichen und kulturellen Austausch. Wir müssen bereit sein, trotz der grundlegenden Fragen, die uns trennen, solche Wege der Zusammenarbeit zu erschließen. Allein die Risiken eines Nuklearkriegs treiben uns in diese Richtung. [...]

Diese Bemühungen um Zusammenarbeit löschen jedoch unsere signifikanten Unterschiede nicht aus. Worin bestehen diese Unterschiede? Für die Sowjetunion scheint Entspannung ein dauernder aggressiver Kampf mit verschiedenen Mitteln um politische Vorteile und wachsenden Einfluss zu bedeuten. Die Sowjetunion betrachtet militärische Macht und Militärhilfe offensichtlich als das beste Mittel, ihren Einfluss in der Welt auszudehnen. Es liegt auf der Hand, dass Gebiete der Instabilität in der Welt ein verlockendes Ziel für diese Bemühungen bieten, und nur allzu oft scheint sie bereit zu sein, jede solche Gelegenheit zu nutzen. Wie sich in Korea, Angola und, wie Sie wissen, in jüngerer Zeit auch in Äthiopien gezeigt hat, zieht die Sowjetunion es vor, Stellvertreter-Streitkräfte einzusetzen, um ihre Ziele zu erreichen.

Anderen Ländern in der Welt erscheint die militärische Aufrüstung der Sowjetunion übertrieben, weit über alle legitimen Verteidigungsbedürfnisse für die Sowjetunion selbst oder ihre Verbündeten hinausgehend. Seit über 15 Jahren hat sie dieses Programm des militärischen Wachstums aufrechterhalten und fast 15% ihres Bruttosozialprodukts in die Rüstung investiert und dieses anhaltende Wachstum geht weiter.

Die Missachtung grundlegender Menschenrechte in ihrem eigenen Lande, unter Verletzung des in Helsinki erreichten Übereinkommens, hat der Sowjetunion die Verurteilung durch all die Menschen eingebracht, die die Freiheit lieben. Durch ihre Handlungen hat sie gezeigt, dass das sowjetische System frei geäußerte Meinungen, die Gedanken einer loyalen Opposition und die Freizügigkeit von Menschen nicht tolerieren kann.

Die Sowjetunion versucht eine totalitäre und repressive Regierungsform zu exportieren, die zu einer geschlossenen Gesellschaft führt. Einige dieser Eigenschaften und Ziele schaffen Probleme für die Sowjetunion. [...] Obwohl die Sowjetunion über das zweitgrößte Wirtschaftssystem der Welt verfügt, lässt ihr Wachstum stark nach und ihr Lebensstandard steht in keinem günstigen Vergleich zu dem anderer Nationen auf einer entsprechenden Entwicklungsstufe. Die landwirtschaftliche Erzeugung bleibt noch immer ein ernstes Problem für die Sowjetunion, so dass sie sich in Zeiten durchschnittlicher oder schlechter Erntebedingungen wegen Lebensmittellieferungen an uns oder andere Länder wenden muss.

Wir sind in unserem Lande in einer sehr viel günstigeren Position. Unsere industrielle Basis und unsere Produktivität sind unerreicht. Unsere wissenschaftliche und technologische Fähigkeit ist der aller anderen überlegen. Unsere Bündnisse mit anderen freien Nationen sind stark und werden zunehmend stärker. [...]

Über unsere Bündnisse hinaus werden wir weltweite und regionale Organisationen unterstützen, die sich der Stärkung des internationalen Friedens widmen, wie beispielsweise die Vereinten Nationen, die Organisation Amerikanischer Staaten (OAS) und die Organisation der Afrikanischen Einheit (OAU). Wir und unsere afrikanischen Freunde wünschen uns Afrika als einen Kontinent, der frei ist von der Herrschaft fremder Mächte, frei von der Bitterkeit rassischer Ungerechtigkeit, frei von Konflikten und frei von den Bürden der Armut, des Hungers und der Krankheit. Wir sind überzeugt, dass die beste Methode, auf diese Ziele hinzuarbeiten, in einer positiven Politik besteht, die den afrikanischen Hoffnungen Rechnung trägt. Das anhaltende und zunehmende militärische Engagement der Sowjetunion und Kubas in Afrika könnte diese hoffnungsvolle Vision zunichte machen. Wir sind zutiefst besorgt über diese Bedrohung des regionalen Friedens und der Autonomie von Ländern, in denen diese ausländischen Truppen permanent stationiert zu sein scheinen. [...]

Die Sowjetunion kann wählen zwischen Konfrontation und Kooperation. Die Vereinigten Staaten sind hinreichend darauf vorbereitet, mit beidem fertig zu werden."

(Europa-Archiv, 1978, D 426–D 430; zit. nach Ernst O. Czempiel/Carl-Christoph Schweitzer, Weltpolitik der USA nach 1945, Bonn (Bundeszentrale für politische Bildung) 1984. (Aktualisierte Neuausgabe 1989), S. 373–376)

M 3: Aus dem geheimen Sitzungsprotokoll des Politbüros der KPdSU am Tag des sowjetischen Einmarschs in Afghanistan (27.12.1979)

„In unserer propagandistischen Arbeit – in der Presse, im Fernsehen, im Rundfunk – müssen wir uns bei der Darstellung der Hilfsaktion, die von der Sowjetunion auf Ersuchen der Führung der Demokratischen Republik Afghanistan zur Abwehr der äußeren Bedrohung unternommen wird, von Folgendem leiten lassen:

In der ganzen propagandistischen Arbeit ist vom Inhalt des Schreibens der afghanischen Führung auszugehen, in dem diese die Sowjetunion um militärische Hilfe gebeten hat [...].

Die Bitte der Regierung Afghanistans und die Erfüllung dieses Ersuchens durch die Sowjetunion sind ausschließlich

Sache zweier souveräner Staaten, der Sowjetunion und der Demokratischen Republik Afghanistan, die ihre Beziehungen untereinander selbst regeln. Sie haben wie jeder beliebige Mitgliedsstaat der UNO das Recht auf individuelle oder kollektive Selbstverteidigung, das im Artikel 51 des Statuts der UNO vorgesehen ist. [...]
Die Aufgabe der Sowjetunion im Zusammenhang mit den Ereignissen in Afghanistan besteht darin, dem befreundeten Afghanistan zu Hilfe zu kommen und es angesichts der Aggression von außen bei der Verteidigung der Souveränität und Unabhängigkeit zu unterstützen. Sobald diese Aggression aufhört und die Souveränität und Unabhängigkeit des afghanischen Staates nicht mehr bedroht sind, werden die sowjetischen Truppenkontingente unverzüglich und vollständig vom Territorium Afghanistans abgezogen werden."

(Michael S. Voslensky, Das Geheime wird offenbar, Moskauer Archive erzählen, 1917 – 1991. München (Langen Müller) 1995, S. 351)

M 4: Aus einem Schreiben des Politbüros an die Mitglieder des ZK der KPdSU (29.12.1979)

„Bei der zeitweiligen Entsendung eines kleinen Truppenkontingents hat das Politbüro des ZK die strategische Lage Afghanistans berücksichtigt, das sich in unmittelbarer Nähe unserer Grenzen befindet. Es ist das Nachbarland der Sowjetrepubliken Mittelasiens und hat eine sehr lange Grenze und nicht weit davon befindet sich China. Daher ist es erforderlich, die Sicherheit unserer sozialistischen Heimat zu gewährleisten und unsere nationale Pflicht zu berücksichtigen."

(Michael S. Voslensky, Das Geheime wird offenbar, Moskauer Archive erzählen, 1917 – 1991. München (Langen Müller) 1995, S. 357f.)

M 5: UNO-Resolution zur Afghanistan-Invasion (14.1.1980)[5]

„Die Generalversammlung [...] – zutiefst besorgt über die jüngsten Entwicklungen in Afghanistan und ihre Auswirkungen auf den Weltfrieden und die internationale Sicherheit [...], beklagt zutiefst die jüngste bewaffnete Intervention in Afghanistan [...] und fordert den unverzüglichen, bedingungslosen und vollständigen Abzug der ausländischen Truppen aus Afghanistan, damit das Volk Afghanistans in die Lage versetzt wird, seine Regierungsform selber zu bestimmen sowie sein wirtschaftliches, politisches und gesellschaftliches System ohne jede Intervention, Subvention, Nötigung oder Beschränkung von außen zu wählen."

(Vereinte Nationen. Bonn 1980, Nr. 1, S. 32; zit. nach: Martin Hoffmann/ Florian Osburg/ Horst Schützler, Aufstieg und Zerfall einer Weltmacht. Die Sowjetunion von 1917 bis 1991. Bamberg (Buchner) 1994, S. 125f.)

[5] Nachdem eine Resolution des UN-Sicherheitsrats am sowjetischen Veto gescheitert war, verabschiedete die UN-Vollversammlung die Resolution mit 104 Stimmen bei 18 Gegenstimmen und 18 Enthaltungen. 12 Länder nahmen an der Abstimmung nicht teil.

Schock für die Supermacht: Afghanische Freiheitskämpfer haben im Juli1980 einen sowjetischen Panzer zerstört.

M 6: Aus einer Botschaft des US-Präsidenten Jimmy Carter an den Kongress zur Lage der Nation (23.1.1980)

„Die 80er Jahre wurden in Umsturz und Wandel geboren. Wir leben in einer Zeit der Herausforderung unserer Interessen und Werte – einer Zeit, die unsere Klugheit und unseren Willen auf die Probe stellt. In diesem Augenblick werden in Iran noch immer 50 Amerikaner, unschuldige Opfer des Terrorismus und der Anarchie, gefangengehalten. In diesem Augenblick versuchen massive sowjetische Invasionsstreitkräfte, das stolze, unabhängige und tiefreligiöse Volk von Afghanistan zu unterjochen. Diese beiden Akte – ein Akt des internationalen Terrorismus und ein Akt der militärischen Aggression – stellen eine ernste Herausforderung für die Vereinigten Staaten und die anderen Länder der Welt dar. [...]
Die Implikationen der sowjetischen Invasion Afghanistans könnten die ernsthafteste Bedrohung des Weltfriedens seit dem Zweiten Weltkrieg darstellen. [...] Die Sowjetunion muss einen konkreten Preis für ihre Aggression bezahlen. Solange die Invasion anhält, können wir und andere Länder gegenüber der Sowjetunion nicht so tun, als sei nichts geschehen.
Aus diesem Grund haben die Vereinigten Staaten der Sowjetunion harte wirtschaftliche Strafmaßnahmen auferlegt. Ich werde sowjetischen Schiffen keine Fischfangrechte in den Küstengewässern der Vereinigten Staaten gewähren. Ich habe den sowjetischen Zugang zu hochtechnologischer Ausrüstung und zu Agrarprodukten abgeschnitten. Ich habe anderen Handel mit der Sowjetunion begrenzt und unsere Verbündeten und Freunde aufgefordert, sich uns

in der Zurückhaltung im Handel mit der Sowjetunion anzuschließen und keinen Ersatz für unsere eigenen, vom Embargo betroffenen Produkte zu liefern. Ich habe das Olympische Komitee darüber informiert, dass weder das amerikanische Volk noch ich selbst es unterstützen, ein olympisches Team nach Moskau zu entsenden, solange die sowjetischen Invasionsstreitkräfte in Afghanistan stehen. [...] Die Sowjetunion muss einsehen, dass ihre Entscheidung, militärische Gewalt in Afghanistan zu gebrauchen, jeder von ihr geschätzten politischen und wirtschaftlichen Beziehung teuer zu stehen kommt.
Die jetzt durch die sowjetischen Truppen in Afghanistan bedrohte Region ist von großer strategischer Bedeutung: In ihr liegen mehr als zwei Drittel des exportierbaren Öls der Welt. Die sowjetischen Anstrengungen, Afghanistan zu beherrschen, haben die sowjetischen Streitkräfte bis auf 300 Meilen an den Indischen Ozean herangebracht und nahe an die Straße von Hormuz – einen Seeweg, durch den ein Großteil des Öls der freien Welt transportiert werden muss. Die Sowjetunion versucht, eine strategische Position zu konsolidieren, die eine schwere Bedrohung für die freie Bewegung des Mittelostöls darstellt. [...]
Unser Standpunkt muss absolut klar sein: Ein Versuch irgendeiner auswärtigen Macht, die Kontrolle über die Region des Persischen Golfes zu erlangen, wird als ein Angriff auf die lebenswichtigen Interessen der Vereinigten Staaten betrachtet werden. Und solch ein Angriff wird unter Einsatz aller notwendigen Mittel, einschließlich militärischer Macht, zurückgewiesen werden."

(Europa-Archiv, 1980, D 101–D 105; zit. nach Ernst O. Czempiel/Carl-Christoph Schweitzer, Weltpolitik der USA nach 1945, Bonn (Bundeszentrale für politische Bildung) 1984. (Aktualisierte Neuausgabe 1989), S. 377 – 380)

M 7: Offener Brief Andrej Sacharows an Leonid Breschnew anlässlich des sowjetischen Einmarschs in Afghanistan (27. 7. 1980)

„Die Kriegshandlungen in Afghanistan dauern bereits sieben Monate. Ums Leben gekommen und verstümmelt sind bereits Tausende sowjetischer Menschen und Zehntausende Afghanen – nicht nur Partisanen, sondern hauptsächlich Zivilbevölkerung: alte Menschen, Frauen, Kinder – Bauern und Städter. [...]
Es unterliegt auch keinem Zweifel, dass die Geschehnisse in Afghanistan die politische Situation in der Welt von Grund auf verändert haben. Sie haben die Entspannung gefährdet und direkt den Frieden nicht nur in dieser Region, sondern auch überall bedroht. Sie haben die Ratifizierung des SALT-II-Vertrages[6], der für die ganze Welt lebenswichtig ist, insbesondere als Voraussetzung weiterer Etappen des Abrüstungsprozesses, erschwert, ja vielleicht überhaupt unmöglich gemacht. Die Handlungen der UdSSR trugen (das konnte auch nicht anders sein) zur Vergrößerung der Militärbudgets und zur Annahme neuer militär-technischer Programme in allen größten Ländern bei, was noch viele Jahre nachwirken und die Gefahr eines Wettrüstens steigern wird. [...]
Innerhalb der UdSSR verstärkt sich die ruinierende Militarisierung des Landes (die unter den Bedingungen der ökonomischen Schwierigkeiten besonders schädlich ist), werden die lebenswichtigen Reformen auf ökonomischem und sozialem Gebiet nicht verwirklicht, verstärkt sich die gefährliche Rolle der repressiven Organe, die außerhalb der Kontrolle geraten können. [...]
Ich persönlich betrachte das Vorgehen der UdSSR als zweifellose Expansion und Verletzung der Souveränität Afghanistans. Doch auch diejenigen, die einen anderen Standpunkt vertreten, müssen, wie mir scheint, zugeben, dass dieses Vorgehen ein schrecklicher Fehler ist, den man so schnell wie möglich wiedergutmachen muss, zumal dies sich mit jedem Tag immer schwerer machen lässt."

(Agentur Nowosti (Hg.), Das Vermächtnis Andrej Sacharows. Moskau 1990, S. 68f.)

M 8: Aus einem Interview mit Igor Kowaltschuk, einem sowjetischen Soldaten, der 1980 bis 1984 in Afghanistan kämpfte und dann in den Westen floh

„In die Armee wurde ich im Frühling 1980 eingezogen. Wir fuhren gen Süden. Zweieinhalb Monate lernten wir angreifen, uns verteidigen, mit Kolben und Bajonett arbeiten, schießen.
Eines Tages hat man uns aufgestellt, wir leisteten den Fahneneid und man sagte uns, dass wir die große Ehre hätten, in Afghanistan die „internationalistische Pflicht" zu erfüllen. Wir sollten dem afghanischen Volke helfen, die Errungenschaften der Aprilrevolution zu verteidigen und es vor dem amerikanischen Imperialismus schützen, der die südliche Grenze unseres Vaterlandes bedrohe. [...]
In meine Kompanie bin ich nachmittags gekommen. [...] Kapitän Rudenko schnauzte uns an und sagte: „Also jetzt seid ihr rohes Fleisch, Fleisch für die Schakale. [...] Merkt euch meine Worte, ihr sollte entweder Wölfe werden oder sterben – eins von beidem!" Ich habe nichts verstanden und dachte nur: Was haben wir ihm getan, dass er so wütend ist?
Aber einen Monat später war ich selber noch schlimmer. Ich fühlte, wie ich in diesen riesigen blutigen Strudel hineingezogen wurde, in dem ich die Fähigkeit zu denken verliere und nur noch mit Bajonett, Kolben und Visier arbeite. Bald verlor ich meinen Freund Oleg, danach war es Witja. Er sagte nur noch:
„Weißt du, Igor, wir hätten auch anders leben können!" Ich verlor mehr und mehr die Kontrolle. Ich schrie und weinte und schoss. So vergingen noch sechs Monate. Ich wurde wie alle: Ich machte die Augen der gestorbenen Kameraden zu ohne zu zittern, rauchte Drogen, süß-saurer Geschmack des Blutes ekelte mich nicht mehr an, beim Schießen machte ich die Augen nicht mehr zu.
Ich wusste nicht mehr, was ich wollte. Ich war verzweifelt. Während der ganzen Zeit geriet kein einziger Amerikaner in meine Schusslinie. Ich wachte auf und dachte: Wieso sagt ihr uns nicht die ganze Wahrheit? So und so, man muss Afghanistan erobern [...], alles klar, [...] aber nein, man hat uns angelogen, man bewegt uns wie Spielzeuge und wir sterben wie die Fliegen."

(Ogonjok Nr. 50/1989, S. 27f.; zit. nach Harm Mögenburg, Russland im Umbruch. Frankfurt/Main (Diesterweg) 1992, S. 124f.)

M 9: Aus einer Fernsehrede des US-Präsidenten Ronald Reagan, in der er die „Strategic Defense Initiative" (SDI) ankündigte (23. 3. 1983)

„Seit 20 Jahren häuft die Sowjetunion eine gewaltige militärische Macht an. Und sie hörte damit auch dann nicht

[6] SALT: Strategic Arms Limitations. Im Juni 1979 war das SALT-II-Abkommen zur weiteren Begrenzung der strategischen Waffen unterzeichnet worden; nach dem sowjetischen Einmarsch setzte US-Präsident Carter die Ratifizierung des Vertrags aus.

auf, als ihre Streitkräfte alle Anforderungen einer legitimen Verteidigungskapazität überstiegen. Und sie hat damit immer noch nicht aufgehört, auch jetzt noch nicht. Während der vergangenen eineinhalb Jahrzehnte haben die Sowjets ein umfangreiches Arsenal neuer strategischer Kernwaffen aufgebaut – Waffen, die die Vereinigten Staatendirekt treffen können. [...]
Teilen Sie mit mir eine Vision der Zukunft, die Hoffnung bietet. Sie besteht darin, dass wir ein Programm in die Wege leiten, um der schrecklichen sowjetischen Raketenbedrohung mit Maßnahmen zu begegnen, die defensiv sind. Wollen wir uns auf eben die Stärken unserer Technologie besinnen, die unsere große industrielle Basis hervorgebracht und uns die Lebensqualität geschenkt hat, der wir uns heute erfreuen.
Wie wäre es, wenn freie Menschen sicher leben könnten in dem Wissen, dass ihre Sicherheit nicht auf der amerikanischen Drohung einer sofortigen Vergeltung beruht, um vor einem sowjetischen Angriff abzuschrecken, dass wir strategische Raketen abfangen und vernichten können, bevor sie unseren Boden oder den unserer Verbündeten erreichen? Ich weiß, dass das eine gewaltige technische Aufgabe ist – eine Aufgabe, die nicht vor Ende dieses Jahrhunderts bewältigt sein dürfte. Und doch hat die derzeitige Technologie einen Stand der Verfeinerung erreicht, dass es durchaus vernünftig ist, wenn wir uns an diese Aufgabe machen. [...]
Heute Abend unternehme ich – in Übereinstimmung mit unseren Verpflichtungen des ABM-Vertrages [Vertrag über Raketenabwehr] und eingedenk der Notwendigkeit enger Konsultationen mit unseren Verbündeten – einen ersten wichtigen Schritt. Ich gebe die Anweisung zu einer umfassenden und intensiven Anstrengung, ein langfristiges Forschungs- und Entwicklungsprogramm auszuarbeiten, um unserem Endziel näher zu kommen, die Bedrohung durch strategische Nuklearraketen zu beseitigen."

(Europa-Archiv, 1983, D 267–270; zit. nach Ernst O. Czempiel/Carl-Christoph Schweitzer, Weltpolitik der USA nach 1945, Bonn (Bundeszentrale für politische Bildung) 1984. (Aktualisierte Neuausgabe 1989), S. 414 – 418)

M 10: Aus einer Fernsehansprache Ronald Reagans (Januar 1984)

„Die Geschichte lehrt uns, dass Kriege beginnen, wenn Regierungen glauben, dass der Preis einer Aggression niedrig ist. Um den Frieden zu erhalten, müssen wir und unsere Verbündeten stark genug sein, jeden potenziellen Aggressor überzeugen zu können, dass Krieg keinen Vorteil, sondern nur die Katastrophe bringen würde. [...]
Die Abschreckung ist von entscheidender Bedeutung für die Erhaltung des Friedens und den Schutz unserer Lebensform, aber die Abschreckung ist nicht Anfang und Ende unserer Politik gegenüber der Sowjetunion. Wir müssen und werden die Sowjets in einen Dialog einbinden, der so ernsthaft und konstruktiv wie möglich ist und der der Förderung des Friedens in den Unruhegebieten der Welt dienen, den Stand der Rüstungen verringern und ein konstruktives Arbeitsverhältnis schaffen wird. [...] Stärke und Dialog gehen Hand in Hand."

(Europa-Archiv 39 (1984), S. D 109ff.)

M 11: US-Präsident Ronald Reagan im Rückblick

„Es war meine feste Absicht, die sowjetische Führung wissen zu lassen, dass wir alles daransetzen werden, um das Wettrüsten zu gewinnen. Wir werden niemals den zweiten Platz akzeptieren. Der große und dynamische Erfolg des Kapitalismus hat uns eine mächtige Waffe im Kampf gegen den Kommunismus in die Hand gegeben: Geld. Die Russen können niemals das Wettrüsten gewinnen. Wir können sie für immer mit unseren finanziellen Mitteln überbieten. Außerdem sind die verschiedenen Anreize des kapitalistischen Systems für uns eine industrielle Basis, um für immer den technologischen Vorsprung zu wahren."

(zit. nach Christian Hacke, Zur Weltmacht verdammt. Berlin (Propyläen) 1997, S. 297f.)

10. Die Auflösung des Ostblocks und das Ende des Kalten Kriegs

M 1: Aus einem Interview mit Andrej Sacharow, russischer Physiker („Vater der Wasserstoffbombe") und Friedensnobelpreisträger (1973)

„Sacharow: In unserem Land beeindruckt die außerordentlich große Konzentration wirtschaftlicher, politischer und ideologischer Macht, mit anderen Worten, die extreme Monopolisierung. Möglicherweise ist dies einfach ein Staatskapitalismus (wie Lenin nach der Revolution sagte), in dem der Staat das Monopol der gesamten Wirtschaft innehat. Dann aber ist unser Sozialismus überhaupt nichts Neues, sondern nur eine extreme Form in der Entwicklung des Kapitalismus, wie es ihn etwa in den Vereinigten Staaten und in anderen westlichen Ländern gibt. Der Unterschied liegt in der extremen Monopolisierung.
Wenn dem so ist, so darf es uns nicht wundern, dass bei uns dieselben Probleme wie in der kapitalistischen Welt auftauchen: Kriminalität und Entfremdung des Individuums. Nur ist unsere Gesellschaft ein Extremfall. Sie ist äußerst unfrei, ideologisch äußerst unbeweglich und außerdem – und das ist wahrscheinlich das Charakteristischste – ist sie überaus prätentiös, das heißt, sie gibt vor, viel besser zu sein als irgendeine andere Gesellschaftsform.
Frage: Worin sehen Sie konkret die größten Mängel in der heutigen sowjetischen Gesellschaft?
Sacharow: Sicherlich in der Unfreiheit. In der Unfreiheit, in der Bürokratisierung der öffentlichen Verwaltung, darin, dass dieses Regierungssystem äußerst unvernünftig und schrecklich egoistisch ist. Es ist eine egoistische Klassenverwaltung, die im wesentlichen nur ein Ziel verfolgt: die bestehende Ordnung aufrechtzuerhalten und ungeachtet der misslichen Verhältnisse den Schein des Wohlstands nach außen hin zu wahren. [...]
Frage: Welche Privilegien haben die Parteifunktionäre in der Sowjetunion?
Sacharow: Ihre Privilegien drücken sich gewöhnlich nicht in Geld aus. Da gibt es ein ganzes Netz von Sanatorien, große Privilegien in der medizinischen Betreuung. Bedeutende Privilegien ergeben sich aufgrund von Beziehungen und persönlichen Verbindungen. [...] Wichtige Führungsposten (ein Fabrikdirektor etwa oder ein erster Ingenieur) werden zum Beispiel nur mit Parteimitgliedern besetzt. [...] Für einen bevorzugten Personenkreis existiert ein heimliches Versorgungssystem mit höherer Qualität der Produkte, größerer Auswahl und billigeren Preisen. Mit anderen Worten, für denselben Rubel erhält man in diesen Kaufhäusern einen höheren Gegenwert, was wiederum heißt, dass das Einkommen der Privilegierten über deren wahre finanzielle Situation nichts aussagt."

(Andrej D. Sacharow, Stellungnahme. Wien (Molden) 1974, S. 44 – 47)

M 2: Aus einem Aufsatz des sowjetischen Physikers Cronid Lubarsky, der 1972 wegen Verbreitung von Samisdat-Texten[7] zu fünf Jahren Haft verurteilt wurde (1979)

„Die Dissidentenbewegung, die ursprünglich als eine Bewegung von Einzelnen, die keineswegs organisiert waren, begonnen hatte, nahm Mitte der 1970er Jahre neue, organisierte Formen an. Unabhängige öffentliche Vereinigungen kamen auf und wurden aktiv. [...] Mit besonderer Intensität begannen unabhängige öffentliche Vereinigungen nach 1976 zu entstehen, nachdem die UdSSR die Schlussakte der Helsinki-Konferenz unterzeichnet hatte. Im Mai 1976 wurde in Moskau die Unterstützungsgruppe für die Erfüllung der Helsinki-Abmachungen in der UdSSR mit Ju. Orlow[8] an der Spitze gegründet. Wichtigstes Ziel der Gruppe war, „die Regierungschefs der Teilnehmerstaaten der Helsinki-Konferenz sowie die Öffentlichkeit über Verletzungen der humanitären Artikel der Schlussakte zu unterrichten". Im Januar 1977 wurde bei der Moskauer Gruppe die Arbeitskommission zur Untersuchung der Nutzung der Psychiatrie für politische Zwecke gebildet.

Im Gefolge der Moskauer Gruppe entstanden öffentliche Unterstützungsgruppen auch in den Unionsrepubliken: im November des gleichen Jahres in der Ukraine und in Litauen, im Jahr 1977 in Georgien, im Juni in Armenien. Alle Gruppen arbeiteten in engem Kontakt miteinander.

Die Behörden reagierten schnell und heftig auf die Entstehung der Gruppen. Bereits drei Tage nach Bekanntgabe der Gründung der Moskauer Gruppe wurde Ju. Orlow ins KGB gebracht, um ihn darauf aufmerksam zu machen, dass seine „antisowjetische Tätigkeit" unzulässig sei. Bald danach setzten auch Verhaftungen ein."

(Osteuropa. Zeitschrift für Gegenwartsfragen des Ostens, 29 (1979), S. 932ff.)

M 3: Aus der tschechoslowakischen „Charta 77" (1977)

„‚Charta 77' ist eine freie, informelle und offene Gemeinschaft von Menschen verschiedener Überzeugungen, verschiedener Religionen und verschiedener Berufe, verbunden durch den Willen sich einzeln und gemeinsam für die Respektierung der Bürger- und Menschenrechte in unserem Land und in der Welt einzusetzen – jener Rechte, die dem Menschen von beiden kodifizierten internationalen Pakten, von der Abschlussakte der Konferenz in Helsinki, von zahlreichen weiteren internationalen Dokumenten gegen Krieg, Gewaltanwendung und soziale und geistige Unterdrückung zugestanden werden, und die zusammenfassend von der „Allgemeinen Erklärung der Menschenrechte" der UN zum Ausdruck gebracht werden. ‚Charta 77' fußt auf dem Boden der Solidarität und Freundschaft von Menschen, die von der gemeinsamen Sorge um das Geschick der Ideale bewegt werden, mit denen sie ihr Leben und ihre Arbeit verbunden haben und verbinden. ‚Charta 77' ist keine Organisation, hat keine Statuten, keine ständigen Organe und keine organisatorisch bedingte Mitgliedschaft. Ihr gehört jeder an, der ihrer Idee zustimmt, an ihrer Arbeit teilnimmt und sie unterstützt. ‚Charta 77' ist keine Basis für oppositionelle politische Tätigkeit. Sie will dem Gemeininteresse dienen wie viele ähnliche Bürgerinitiativen in verschiedenen Ländern des Westens und des Ostens. Sie will also nicht eigene Programme politischer oder gesellschaftlicher Reformen oder Veränderungen aufstellen, sondern in ihrem Wirkungsbereich einen konstruktiven Dialog mit der politischen und staatlichen Macht führen, insbesondere dadurch, dass sie auf verschiedene konkrete Fälle von Verletzungen der Menschen- und Bürgerrechte hinweist, deren Dokumentation vorbereitet, Lösungen vorschlägt, verschiedene allgemeine Vorschläge unterbreitet, die auf Vertiefung dieser Rechte und ihrer Garantien abzielen, und als Vermittler in anfallenden Konfliktsituationen wirken, die durch Widerrechtlichkeit verursacht werden können."

(Ladislav Hejdánek, Wahrheit und Widerstand. Prager Briefe, übers. Von Milan Walter. München (Kirchheim) 1988, S. 274f.)

M 4: Manifest der Opposition in der DDR (1978)

„Warum wird der Abstand DDR–BRD in der Arbeitsproduktivität ... immer größer?

Warum ebben die Wellen der Ausreise-Anträge und die Versuche zur Republikflucht, selbst unter Einsatz des Lebens, nicht ab?

Warum treten 94 % aller DDR-Bürger, also auch die Mehrheit der Funktionäre, Abend für Abend die geistige Republikflucht an und schalten auf ARD und ZDF? Weil der polit-ideologische Psychoterror unerträglich, die Flucht in eine andere Welt Notwendigkeit zum Überleben ist!

Warum steigt der Verbrauch von Arzneimitteln in der DDR überdurchschnittlich hoch, wobei der Verbrauch von „LMA"-Tabletten[9] sogar sechsfach höher liegt als der anderer Medikamente?

Warum hat die DDR Weltspitze bei Ehescheidungen, Selbstmordraten und Alkoholmissbrauch?

Wo liegen die Defekte dieser Gesellschaft?

Warum ist der Datschismus[10] zur Hauptform des Lebens geworden?[...]

Wir fragen: Hat die Arbeiterklasse für den Acht-Stunden-Tag oder das pausenlose Schichtsystem gekämpft? Die Familien sind Tag und Nacht getrennt, aber die Partei erhebt den Finger: Erzieht eure Kinder sozialistischer, sie sind labil! Am Wochenende darf Vater zur Kampfgruppe, Mutter übt ZV[11], der Sohn GST[12], die Tochter DRK – alles zum Schutz der Politbüro-Kaste!

Von der Woche wollen wir gar nicht reden: Zeitungsschau, Agitatoren-Gespräch, Versammlungen in Partei, Gewerkschaft, FDJ, DSF[13], Partei-, FDJ- und Gewerkschaftsschuljahr – und überall die gleiche Leitartikel-Litanei.

Die Kollektivierung ist total, selbst das gemeinsame Mittagessen am Sonntag wird ersetzt durch Pflichtdemonstrationen, Pflichtbegrüßungen, Pflichtverabschiedungen, meist eines Sowjet-Touristen. [...]

Wir fragen: Hat die Arbeiterbewegung dafür gekämpft, ein unüberschaubares Heer von nichtsnutzigen Parasiten

[7] Samisdat ist das russische Wort für „Selbstverlag"; damit werden Publikationen bezeichnet, die seit Ende der 50er Jahre in der Sowjetunion ohne offizielle Druckerlaubnis verbreitet wurden.

[8] Sowjetischer Physiker, der 1978 zu sieben Jahren Lagerhaft und anschließender fünfjähriger Verbannung verurteilt wurde. 1986 gelang der „Freikauf" durch den Westen.

[9] „Leck mich am Arsch", DDR-Kürzel für Psychopharmaka

[10] Benannt nach der Datscha, aus dem Russischen entlehnter DDR-Ausdruck für Wochenendhaus

[11] Zivilverteidigung

[12] Gesellschaft für Sport und Technik, Organisation zur vormilitärischen und wehrsportlichen Erziehung und Ausbildung

[13] Gesellschaft für Deutsch-Sowjetische Freundschaft

im Partei-Apparat, den Hoch-, Bezirks-, Kreis- und Sonderschulen von Partei, FDGB, FDJ, DSF, GST, ZV usw. usf. zu ernähren?[...]
Wir fragen: Wozu braucht die DDR, gemessen an der BRD, einen achtfach höher besetzten Polizei- und Sicherheitsapparat...? Wozu braucht die DDR ein Heer von Journalisten, die alle genau das wiedergeben, was Lülas[14] Agitkommission per Fernschreiber dekretiert? Und ein Heer von ML[15]-Leuten, vom Kindergarten bis zu Hochschule, die alle das gleiche lebensfremde Dogma sülzen?[...]
Wir fordern eine andere Politik: reale, kostendeckende Preise, entsprechend reale Planung, reale, den jetzigen Stand des Lebensniveaus garantierende Einkünfte für die Arbeiter, Handwerker, Angestellten. ... Sämtliche Privilegien der Funktionäre müssen gestrichen werden. ... Wir fordern die Abschaffung der Zensur gegenüber der Presse und den Verlagen. ... Wir fordern den Abbau der riesigen, altmodischen und unmodernen Verwaltungsapparate... Wir fordern nachdrücklich die Beseitigung des Verbots, über Fragen der Lebensqualität, besonders über die ökologischen Probleme öffentlich zu diskutieren. Die Gefahren für die Gesundheit unserer Bürger müssen beim Namen genannt und abgewandt werden. Die Datschisten an den Seeufern sollten enteignet werden.
Berlin, Oktober 1977"

(Anonym veröffentlicht in: DER SPIEGEL 32 (1978), Nr. 2, S. 26 – 30)

M 5: Aus dem Programm der polnischen Gewerkschaft „Solidarnosc" (Oktober 1981)

„Die „Solidarnosc" vereint viele gesellschaftliche Strömungen, vereint Menschen mit unterschiedlichen politischen und religiösen Überzeugungen und Menschen unterschiedlicher Nationalität. Uns verbindet der Protest gegen die Ungerechtigkeit, gegen den Missbrauch der Macht und die Monopolisierung des Rechts im Namen der gesamten Nation zu sprechen und zu handeln. Uns verbindet der Protest gegen den Staat, der die Bürger wie sein Eigentum behandelt. Wir lehnen es ab, dass die arbeitende Bevölkerung im Konflikt mit dem Staat der authentischen Interessenvertretung beraubt ist, dass es keinen Schutz gibt gegen den „guten Willen" der Machthaber, die allein über den Grad der Freiheit entscheiden, den sie ihren Bürgern zugestehen. Wir verurteilen, dass unbedingter politischer Gehorsam anstelle von Eigeninitiative und Selbstständigkeit belohnt wird. Uns verbindet die Ablehnung der Lüge im öffentlichen Leben, die Verschwendung der Ergebnisse der harten Arbeit des Volkes. [...] Grundlage des Handelns muss die Achtung des Menschen sein. Der Staat muss dem Menschen dienen und darf nicht über ihn herrschen, die Organisierung des Staates muss der Gesellschaft dienen und darf nicht von einer einzigen politischen Partei monopolisiert werden. Der Staat muss so organisiert sein, dass er das Wohl des gesamten Volkes zum Ausdruck bringt."

(Barbara Büscher u.a. (Hg.), Solidarnosc. Köln (Bund) 1983, S. 297)

Plakat der polnischen Gewerkschaft „Solidarnosc", das gegen den Führungsanspruch der kommunistischen Partei Polens protestiert [„PZPR? Nein, danke"], 1980.

M 6: Aus einer Erklärung des US-Präsidenten Ronald Reagan anlässlich der Niederschlagung von Streiks und der Ausrufung des Kriegsrechts in Polen (29.12.1981)

„Die Sowjetunion trägt eine schwere und unmittelbare Verantwortung für die Unterdrückung in Polen. Die Sowjets haben seit vielen Monaten öffentlich und insgeheim einen solchen Schlag gefordert. Sie übten starken Druck aus, und zwar durch mittlerweile bekannt gewordene Briefe an die polnische Führung, durch militärische Manöver und durch andere Formen der Einschüchterung. Sie befürworten jetzt offen die daraus resultierende Unterdrückung.
Letzte Woche hatte ich mitgeteilt, dass ich einen Brief an Präsident Breschnew gesandt hätte mit der Forderung, dass er die Wiederherstellung der Menschenrechte, so wie es in der Schlussakte von Helsinki vorgesehen sei, den Polen zugestehen solle. Ich wies ihn ferner darauf hin, dass die Vereinigten Staaten, falls die Unterdrückung andauern sollte, keine andere Wahl hätten, als weitere konkrete, die gegenseitigen Beziehungen belastende politische und wirtschaftliche Maßnahmen zu ergreifen.
Die Unterdrückung in Polen dauert an und Präsident Breschnew hat in einer Art geantwortet, die deutlich macht, dass die Sowjetunion die Ernsthaftigkeit unserer Besorgnis und ihrer Verpflichtungen gemäß der Schlussakte von Helsinki und auch der UN-Charta nicht begreift. Daher habe ich entschieden, im Hinblick auf die Sowjetunion die folgenden Sofortmaßnahmen zu ergreifen: Alle Aeroflot-Verbindungen mit den Vereinigten Staaten werden eingestellt.
– Die sowjetische Einkaufskommission wird geschlossen.
– Die Erteilung oder Verlängerung von Genehmigungen zur Ausfuhr von elektronischen Anlagen, Computern und anderen hochtechnologischen Materialien wird vorerst nicht mehr gewährt. – Die Verhandlungen über ein neues langfristiges Getreideabkommen werden vertagt. – Die Verhandlungen über ein neues amerikanisch-sowjetisches Schifffahrtsabkommen werden eingestellt und es werden neue Regelungen zur Hafenbenutzungskontrolle für alle sowjetischen Schiffe in Kraft treten, wenn die gegenwärtige Vereinbarung am 31. Dezember ausläuft. – Eine größere Anzahl von Ausrüstungsgegenständen für die sowjetische Öl- und Erdgasindustrie wird genehmigungspflichtig. Die Erteilung von Genehmigungen wird vorerst eingestellt. Dies schließt Rohrverlegemaschinen ein. – Amerikanisch-sowjetische Austauschvereinbarungen, die in Kürze zur Erneuerung anstehen, auch die Vereinbarungen über Energie, Naturwissenschaften und Technologie, werden

[14] Lüla=„Lügen-Lamberz", Spitzname von Werner Lamberz, Mitglied des SED-Politbüros und als Sekretär für Agitation zuständig für die DDR-Presse
[15] Marxismus-Leninismus

nicht erneuert. Alle anderen amerikanisch-sowjetischen Austauschvereinbarungen werden vollständig überprüft. Die Vereinigten Staaten wünschen konstruktive, dem gegenseitigen Nutzen dienende Beziehungen zur Sowjetunion. Wir beabsichtigen den Dialog auf hoher Ebene weiterzuführen. Aber wir sind darauf vorbereitet in jede Richtung zu gehen, die die Sowjetunion einschlägt – sei es in Richtung auf beiderseitige Entspannung und größere Zusammenarbeit, sei es weiter hinunter auf einem dornigen und weniger lohnenden Pfad."

(Wireless Bulletin from Washington, Nr. 246. U.S. Embassy, Bonn, 30.12.1981; zit. nach Günter Moltmann, Die Vereinigten Staaten von Amerika von 1917 bis zur Gegenwart. Paderborn (Schöningh) 1987, S. 97)

M 7: Aus der „Studie von Nowosibirsk" der sowjetischen Soziologin Tatjana Saslawskaja (1983)

„Im Laufe einer Reihe von Jahrzehnten war die wirtschaftliche Entwicklung der sowjetischen Gesellschaft durch hohes Wachstumstempo und große Stabilität gekennzeichnet. Daraus entstand unwillkürlich der Eindruck, dies gehöre zwangsläufig zu einer sozialistischen Planwirtschaft. In den letzten 12 bis 15 Jahren machte sich jedoch in der Entwicklung der Volkswirtschaft der UdSSR die Tendenz zu einer merklichen Verringerung der Zuwachsraten des Nationaleinkommens bemerkbar. [...] Damit sind weder die erforderliche Steigerung des Lebensstandards der Bevölkerung noch eine intensive technische Umrüstung der Produktion gewährleistet. [...]

Die wichtigsten Merkmale des Systems der staatlichen Lenkung der sowjetischen Wirtschaft werden in der wissenschaftlichen Literatur folgendermaßen beschrieben:

- der hohe Zentralisierungsgrad bei wirtschaftlichen Entscheidungsprozessen
- der direktive [Kommando-]Charakter der Produktionsplanung
- die schwache Entwicklung der Marktverhältnisse [...]
- die zentralisierte Regelung aller Formen, durch materielle Anreize die Arbeitsleistungen zu erhöhen
- der Vorrang der Wirtschaftsorganisation nach Branchen statt nach Regionen
- die administrative Zersplitterung der Leitung der Wirtschaftszweige und deren Untergliederungen
- das beschränkte Ausmaß an ökonomischen Rechten und dementsprechend auch an wirtschaftlicher Verantwortlichkeit der Betriebe für die Ergebnisse ihrer Tätigkeit
- die Einschränkung aller Arten wirtschaftlicher Tätigkeit in Produktion, Handel und Dienstleistung, die nicht formal geregelt sind. [...]

Die beschriebenen Vorstellungen entsprachen ebenso wie das darauf beruhende System einer zentralisierten, überwiegend administrativen Wirtschaftsführung im wesentlichen dem Entwicklungsstand der Produktivkräfte der sowjetischen Gesellschaft in den 1930er Jahren. Die materiell-technische Basis der sozialistischen Großproduktion war damals gerade im Entstehen begriffen, der Grad der realen Vergesellschaftung der Arbeit blieb relativ niedrig. Die Verbindung zwischen Branchen, Betrieben und Regionen konnten von der Zentrale noch leicht „überschaut" und „von oben" geregelt werden. Die überwiegende Mehrheit der Industriearbeiter stammte vom Lande, besaß ein schwach entwickeltes Rechtsbewusstsein und stellte keinen Anspruch auf Beteiligung an der Leitung. [...]

Seit dieser Zeit sind jedoch Jahrzehnte vergangen, während derer sich die politische und ökonomische Situation in der sowjetischen Gesellschaft grundlegend verändert hat. [...] Die Branchen-, die Verwaltungs- und die Territorialstruktur der Volkswirtschaft sind um vieles komplizierter geworden, die Anzahl der Zwischeninstanzen ist kolossal gewachsen, noch mehr haben die technologischen, ökonomischen und sozialen Beziehungen zugenommen. Die Struktur der Volkswirtschaft ist schon längst so kompliziert geworden, dass man sie nicht mehr von einem einzigen Zentrum aus effektiv lenken kann. [...]

Wesentliche Wandlungen gab es auch im sozialen Typus des Arbeiters der sozialistischen Wirtschaft. Sein Bildungs- und Kulturniveau, sein Informationsstand, sein soziales und rechtliches Selbstbewusstsein sind unvergleichlich gestiegen. Der [...] Facharbeiter [...] besitzt heute einen ziemlich breiten politischen und ökonomischen Überblick und ist in der Lage, die Tätigkeit der wirtschaftlichen und politischen Führungskräfte kritisch zu beurteilen, sich der eigenen Interessen klar bewusst zu sein und sie erforderlichenfalls zu vertreten."

(Osteuropa 34 (1984), Heft 1, S. A 1–A 25)

M 8: Aus dem Referat des Generalsekretärs Michail Gorbatschow vor dem Plenum des Zentralkomitees der KPdSU (27. 1. 1987)

„Es geht darum, den Kurs auf die Erneuerung unserer Gesellschaft konsequent durchzusetzen und die Anstrengungen auf allen Gebieten zu verstärken. [...]

[Nun ...] sehen wir, dass sich die Veränderungen zum Besseren nur langsam vollziehen, dass die Umgestaltung sich als schwieriger erweist und die Ursachen für die in der Gesellschaft angehäuften Probleme tiefer liegen, als wir früher angenommen haben. [...] In einer bestimmten Etappe begann das Land an Entwicklungstempo zu verlieren, es begannen sich Schwierigkeiten und ungelöste Probleme zu häufen, es kam zu Stagnations- und anderen dem Sozialismus fremden Erscheinungen. Das alles wirkte sich ernsthaft auf die Wirtschaft sowie auf die sozialen und geistigen Sphären aus. [...] Die Hauptursache [...] bestand darin, dass das ZK der KPdSU, die Führung des Landes, vor allem aus subjektiven Gründen nicht rechtzeitig und in vollem Umfang die Notwendigkeit von Veränderungen [...] einschätzen sowie eine klare Linie zu ihrer Überwindung [...] erarbeiten konnte. Bei der Ausarbeitung der Politik und in der praktischen Tätigkeit überwogen konservative Haltungen, Trägheit, das Bestreben, alles vom Tisch zu wischen, was nicht in die gewohnten Schemata passte, und die mangelnde Bereitschaft zur Lösung der herangereiften sozialökonomischen Fragen. Für all das, Genossen, tragen die führenden Organe der Partei und des Staates die Verantwortung.

Das Wachstumstempo des Nationaleinkommens verringerte sich in den vergangenen drei Planjahrfünften um mehr als die Hälfte. Seit Anfang der 70er Jahre wurden die meisten Plankennziffern nicht mehr erfüllt. Die Wirtschaft war Neuerungen gegenüber wenig aufgeschlossen und schwerfällig. Die Qualität eines erheblichen Teils der Erzeugnisse entsprach nicht mehr modernen Ansprüchen. Die in den letzten Jahren entstandenen Elemente der sozialen Korrosion wirkten sich negativ auf die geistige Atmosphäre in der Gesellschaft aus und haben in gewisser Weise unmerklich die moralischen Werte ausgehöhlt, die unserem Volk stets eigen waren. [...]

Unter Umgestaltung [Perestroika] verstehen wir die entschlossene Überwindung stagnierender Prozesse, das Beseitigen all dessen, was bremst, sowie die Schaffung

eines zuverlässigen und wirksamen Mechanismus zur Beschleunigung der sozialökonomischen Entwicklung der sowjetischen Gesellschaft. Haben wir Garantien dafür, dass der eingeleitete Prozess der Umgestaltungen bis zu Ende geführt wird, dass sich frühere Fehler nicht wiederholen und wir eine wirkliche Entwicklung unserer Gesellschaft gewährleisten können? Diese Frage beantwortet das Politbüro eindeutig: Ja, wir haben solche Garantien.
Das sind der einheitliche Wille und das gemeinsame Handeln von Partei uns Volk. [...] Das sind die allseitige Entwicklung der Demokratie in der sozialistischen Gesellschaftsordnung sowie die reale und immer aktivere Teilnahme des Volkes an der Lösung aller das Leben des Landes betreffenden Fragen, das ist die völlige Wiederherstellung der Leninschen Prinzipien der Publizität, gesellschaftlichen Kontrolle, Kritik und Selbstkritik, das ist Offenheit in der Politik, die in der Einheit von Wort und Tat besteht.
In politischer Hinsicht geht es um die Vertiefung des demokratischen Charakters der Wahlen, um die effektivere und realere Teilnahme der Wähler in allen Stadien der Kampagne vor und während der Wahl. [...] Es ist völlig natürlich, dass im Zuge der weiteren Demokratisierung der sowjetischen Gesellschaft auch Fragen der Erweiterung der innerparteilichen Demokratie erörtert werden müssen. [...] Es versteht sich, dass in der Partei das statutengemäße Prinzip unverrückbar bleiben muss, demzufolge die Beschlüsse der übergeordneten Organe [...] für alle untergeordneten Parteikomitees bindend sind."

(Sowjetunion heute, 32 (1987), Beilage zu Heft 2, S. I–V, VIII, X f.)

M 9: Gorbatschow in seinem Buch „Perestroika" zur internationalen Sicherheit (1987)

„Sicherheit kann nicht mehr durch militärische Mittel hergestellt werden – weder durch nukleare Waffen und Abschreckung noch durch die unablässige Perfektionierung von „Schwert" und „Schild". Versuche, eine militärische Überlegenheit herstellen zu wollen, sind absolut unsinnig. Gegenwärtig werden solche Versuche im Weltraum unternommen.[16] Dass dieser erstaunliche Anachronismus sich behaupten kann, ist eine Folge der aufgeblasenen Rolle der Militaristen in der Politik. Vom Standpunkt der Sicherheit aus ist das Wettrüsten zu einer Absurdität geworden, da es in logischer Konsequenz zur Destabilisierung der internationalen Beziehungen und schließlich zum nuklearen Konflikt führt. Da das Wettrüsten riesige Ressourcen von anderen, vordringlichen Projekten abzieht, wird dadurch der Grad der Sicherheit herabgesetzt und beeinträchtigt. Das Wettrüsten als solches ist ein Feind des Friedens. Der einzige Weg zur Sicherheit ist der der politischen Entscheidungen und der Abrüstung. Wirkliche und für alle gleiche Sicherheit kann in unserem Zeitalter nur durch die kontinuierliche Herabsetzung des Niveaus des strategischen Gleichgewichts garantiert werden, aus dem nukleare und andere Massenvernichtungswaffen völlig verbannt werden sollten."

(Michail Gorbatschow, Perestroika. München (Droemer Knaur) 1989, S. 180)

[16] Vgl. Reagans Rede vom 23.3.1983 auf S. 43f.

M 10: Der Schweizer Militär- und Strategieexperte Albert A. Stahel zu Gorbatschows Buch „Perestroika" (1989)

„Zusammenfassend kann festgestellt werden, dass Generalsekretär Gorbatschow im Kapitel über Europa seines Buches „Perestroika" Lügen und Halbwahrheiten verbreitet und damit eine indirekte Strategie betreibt, die zu den folgenden drei Zielen führen soll:
1. die Entfernung der Nuklearwaffen aus Westeuropa und damit die Beseitigung der Abschreckung gegenüber einem konventionellen Angriff der UdSSR;
2. die Ausnützung der technologischen Kenntnisse der Westeuropäer durch eine „Zusammenarbeit" mit der UdSSR ohne die USA;
3. die Trennung Westeuropas von den USA.
Sollten diese drei Ziele einmal verwirklicht sein, dann haben die Westeuropäer nicht nur den Sicherheitsschirm der USA verloren, sondern auch das Abschreckungsinstrument gegenüber sowjetischen Drohungen und Angriffen. Die Verwirklichung dieser drei Ziele bildet die Voraussetzung für die direkte Unterwerfung Westeuropas durch Erpressung unter die Machtansprüche der sowjetischen Nomenklatura oder es besteht dann auch die Möglichkeit, dass die sowjetische Führung in einem militärischen Angriff ein entnuklearisiertes Westeuropa angreift und unterwirft. Nach der Verwirklichung der drei Ziele könnte die sowjetische Nomenklatura Westeuropa ohne sich zu gefährden militärisch angreifen. [...]
Während noch unter Breschnew durch die Machtdemonstrationen und das Säbelrasseln der Einsatz der indirekten Strategie getarnt wurde, setzt Gorbatschow seine Abrüstungsofferten und seine Perestroika als Mittel der indirekten Strategie ein. Die Führer und die Bevölkerungen der westlichen Demokratien sollen durch diese Schalmeien eingelullt und in Sicherheit gewiegt werden. [...]
Damit aber die Nomenklatura in Schach gehalten wird, müssen die unterdrückten Völker in der Sowjetunion und in den Satellitenstaaten bei ihren Anstrengungen zu ihrer Befreiung durch den Westen unterstützt werden. Neben der Information gehören dazu auch Lieferungen von Waffen und Material und die zur Verfügungstellung von Stützpunkten."

(Albert A. Stahel, Indirekte Strategie. Der Westen und Gorbatschow. Zürich (Presdok) 1989, S. 160ff.)

M 11: Aus einer Rede Gorbatschows während einer Kundgebung in Prag (10.4.1987)

„Wir meinen nicht, dass wir die endgültigen Antworten auf alle Fragen gefunden haben, vor die uns das Leben gestellt hat. Wir sind auch weit davon entfernt, irgendjemanden dazu aufrufen zu wollen uns zu kopieren. Jedes sozialistische Land hat seine Spezifik. Die Bruderparteien legen den politischen Kurs unter Berücksichtigung der nationalen Bedingungen fest. [...]
Wir gehen vor allem davon aus, dass das gesamte System der politischen Beziehungen zwischen den Ländern des Sozialismus konsequent auf Gleichberechtigung und gegenseitiger Verantwortlichkeit beruhen kann und muss. Niemand hat das Recht, Anspruch auf eine Sonderstellung in der sozialistischen Welt zu erheben. Die Selbstständigkeit jeder Partei, ihre Verantwortung vor dem eigenen Volk und das Recht, souverän die Fragen der Entwicklung des Landes zu lösen, sind für uns selbstverständliche Prinzipien."

(Michail Gorbatschow, Ausgewählte Reden und Aufsätze, Bd. 4, Berlin (Dietz) 1988, S. 530f.)

M 12: Aus einer Rede des US-Präsidenten Ronald Reagan vor dem Brandenburger Tor anlässlich der 750-Jahr-Feier Berlins (12. 6. 1987)

„Jetzt wird den Sowjets wohl auch allmählich die Bedeutung der Freiheit klar. Aus Moskau ist viel von einer neuen Politik der Reform und Offenheit zu vernehmen. Einige politische Gefangene sind freigelassen worden. Bestimmte ausländische Nachrichtensendungen werden nicht länger gestört. Manche Wirtschaftsunternehmen können jetzt freier von staatlicher Kontrolle operieren. Sind dies die Anfänge tief greifender Veränderungen im Sowjetstaat? Oder sind es Scheingesten, die im Westen falsche Hoffnungen wecken oder das sowjetische System festigen sollen, ohne es zu verändern? Wir begrüßen Veränderungen und Offenheit. Wir sind nämlich der Ansicht, dass Freiheit und Sicherheit zusammengehen – dass das Vorrücken der Freiheit des Menschen die Sache des Friedens nur vorantrieben kann. Die Sowjets würden damit ein unmissverständliches Zeichen setzen, das die Sache von Freiheit und Frieden dramatisch voranbringen würde.

Generalsekretär Gorbatschow, wenn Sie nach Frieden streben – wenn Sie Wohlstand für die Sowjetunion und für Osteuropa wünschen – wenn Sie die Liberalisierung wollen, dann kommen Sie hierher zu diesem Tor! Herr Gorbatschow, öffnen Sie dieses Tor! Herr Gorbatschow, reißen Sie diese Mauer nieder! [...]

Wir werden die Rüstungsverminderungen fortsetzen, aber ich verbürge mich gleichzeitig für die Aufrechterhaltung unserer Fähigkeit zur Abschreckung einer möglichen sowjetischen Aggression, auf welchem Niveau sie auch stattfinden mag. Und in Zusammenarbeit mit vielen unserer Verbündeten betreiben die Vereinigten Staaten weiterhin die Initiative zur Strategischen Verteidigung (SDI) – ein Forschungsprogramm, das Abschreckung nicht auf die Androhung einer offensiven Vergeltung stützt, sondern auf eine Verteidigung, die wahrhaft abwehrt; kurz gesagt, auf Systeme, die die Bevölkerung nicht zum Ziel machen, sondern sie schützen.

Auf diesem Weg versuchen wir die Sicherheit Europas und der ganzen Welt zu erhöhen. Aber eins dürfen wir nicht vergessen: Ost und West misstrauen sich nicht, weil wir bewaffnet sind. Wir sind vielmehr bewaffnet, weil wir einander misstrauen. Und unsere Differenzen beziehen sich nicht auf Waffen, sondern auf die Freiheit. Als Präsident Kennedy vor 24 Jahren seine Ansprache vor dem Rathaus hielt, war das freie Berlin bedroht und belagert. Trotzdem kann Berlin heute seiner Freiheit sicher sein, trotz all des Druckes, der auf dieser Stadt lastet. Und die Freiheit selbst verwandelt die Erde."

(Europa-Archiv, Folge 15, 1987, S. D 410ff.)

M 13: Gemeinsame Erklärung von Ronald Reagan und Michail Gorbatschow in Moskau (2. 6. 1988)

„Bei der Einschätzung des Stands der amerikanisch-sowjetischen Beziehungen betonten der Präsident und der Generalsekretär die historische Bedeutung ihrer Treffen in Genf, Reykjavik, Washington und Moskau bei der Schaffung des Fundaments für ein realistisches Konzept für die Probleme der Stärkung und der Verringerung des Konfliktrisikos. Sie bekräftigten feierlich ihre Überzeugung, dass ein Nuklearkrieg nicht gewonnen werden kann und niemals ausgelöst werden darf, ihre Entschlossenheit, jeden Kriegen zwischen den Vereinigten Staaten und der Sowjetunion – ob nuklear oder konventionell – zu verhindern, sowie ihre Zurückweisung jeglicher Absichten zur Erlangung militärischer Überlegenheit.

Die beiden Staatsmänner sind überzeugt, dass die Entfaltung des von ihnen ins Leben gerufenen Dialogs ein zunehmend wirksames Mittel zur Lösung von Fragen wird, die von beiderseitigem Interesse sind und auf beiden Seiten Besorgnis auslösen. Sie unterschätzen jedoch nicht die aus Geschichte, Tradition und Ideologie herrührenden realen Differenzen, die weiterhin das amerikanisch-sowjetische Verhältnis charakterisieren werden. Sie sind aber der Ansicht, dass der Dialog von Dauer sein wird, da er sich auf Realismus gründet und sich auf die Erlangung konkreter Ergebnisse konzentriert. Er kann als konstruktive Grundlage nicht nur für die Behandlung der Probleme heute, sondern auch morgen und im nächsten Jahrhundert dienen. Es ist dies ein Prozess, der nach Überzeugung des Präsidenten und des Generalsekretärs den besten Interessen der Völker der Vereinigten Staaten und der Sowjetunion dient und einen Beitrag zu einer stabileren, friedlicheren und sichereren Welt leisten kann."

(Europa-Archiv 43, 13, 10.7.1988, S. D 376; zit. nach Ernst O. Czempiel/ Carl-Christoph Schweitzer, Weltpolitik der USA nach 1945, Bonn (Bundeszentrale für politische Bildung) 1984. (Aktualisierte Neuausgabe 1989), S. 449)

M 14: Der russische Wirtschaftsexperte Andrej N. Illarionow: Wo stehen wir? (1988)

„Bekanntlich gilt die Sowjetunion als die zweite Wirtschaftsmacht der Welt. Aber den Experten wie auch den einfachen gebildeten Menschen interessiert natürlich die Qualität der Wechselbeziehungen zwischen uns und den anderen Ländern, die Frage, wer uns überholen könnte und wer zurückbleibt. [...] Vor dem Hintergrund der dynamischen Entwicklung der umliegenden Welt scheint die Wirtschaft der Sowjetunion geradezu stillzustehen. Indem wir uns in einer Art Lethargie befinden, geben wir eine Position nach der anderen auf und fallen immer mehr gegenüber den Wirtschaftskonkurrenten zurück. Von den größten Wirtschaftszentren der Welt – USA, EG, UdSSR, Japan und China – hat unser Land die niedrigsten Wachstumsraten, faktisch bei Null liegend.

Die dramatische Situation, in der wir uns befinden, droht mit katastrophalen Folgen. Aufgrund vieljähriger systematischer Fälschungen der Statistikinformationen ist jedoch der Ernst der Lage der breiten Gesellschaft nach wie vor nicht voll bewusst. Katastrophalen Charakter trägt unser Rückstand im Bereich der Landwirtschaft. Die Beschäftigungsstruktur in der sowjetischen Wirtschaft hat mehr gemein mit der eines Entwicklungslandes als mit der eines entwickelten Staates. [...] Gefesselt durch bürokratische Zwänge und zerrüttet durch unnatürliche soziale Experimente versank unsere qualvoll mit dem Tode ringende Landwirtschaft im Laufe eines Jahrzehnts in den Zustand vollständiger Lähmung.

Es muss hinzugefügt werden, dass in den letzten 10–15 Jahren ein kardinaler Strukturwandel der Weltwirtschaft abläuft, der ganze Regionen unseres Planeten auf eine neue Stufe der wirtschaftlichen und sozialen Entwicklung stellt und der charakterisiert ist durch eine beispiellose Ausbreitung der Mikroelektronik, der Biotechnologie und der massenhaften Einführung neuer Materialien. [...] Die aufgeführten Fakten zwingen zu Zweifeln an den weitverbreiteten stereotypen Behauptungen und den Mythen hinsichtlich des Niveaus unserer wirtschaftlichen Entwicklung. Nach dem Gradmesser dieser Fakten befinden wir uns eher in einer Gruppe mit Spanien, Irland, Venezuela, Griechenland, Uruguay, Argentinien, Portugal, Chile und

Brasilien. Das bedeutet, dass wir bestenfalls ein mittelentwickeltes Land sind und in vielen Bereichen deutlich hinter den führenden Staaten zurückliegen. Und das, obwohl wir hinsichtlich des wirtschaftlichen Volumens noch immer den zweiten Platz innehaben."

(EKO 12 (1988), S. 39 – 55; zit. nach Osteuropa, 1989/6, A 259–265)

M 15: Z. Vaisvila, Mitglied der litauischen Nationalbewegung „Sajudis" über die Lage in Litauen (1988)

„Einer der ersten Anstöße, der unsere Wiedergeburt angeregt hat, war die ökologische Lage. Die Natur Litauens ist die Wiege unseres Volkes und ihr einzig möglicher Siedlungsraum, nicht Sibirien oder Übersee. Unsere Natur hat die wesentlichen Charakterzüge des litauischen Volkes geprägt. Heute ist die Natur unsere Hoffnung und unsere Sorge. Wir dürfen nicht zulassen, dass sie rücksichtslos zerstört wird. Wenn wir die Natur erhalten, erhalten wir den Menschen und das ganze Volk.
Diese bedrohliche Umweltsituation entstand durch eine ökologisch und sogar ökonomisch unüberlegte Kolonialpolitik der [Moskauer] Unionsministerien. So werden in Mazeikiai jährlich etwa 13 Millionen Tonnen Rohprodukte verarbeitet, was zu einer Verschmutzung führte, die sogar Riga spürt. [...] Wollen wir aber den Sündenbock nicht nur in Moskau suchen. Schuld sind auch unsere Lokalverwaltung, auch unsere Regierung, die ja noch nicht demokratisch vom Volk gewählt sind, sondern von oben ausgesuchte Nomenklaturkader sind. Brauchen Sie Beispiele? Bitteschön!
Der alte „Sirijus"-Betrieb verschmutzt das Abwasser mit Quecksilber, Nickel und Mangan. Es kann auch nicht anders sein: Der „Sirijus" verbraucht jährlich 14 Tonnen Quecksilberverbindungen, wobei er über keine Gasreinigungsanlagen verfügt. [...] Deshalb wird Sajudis ein neues Naturschutzgesetz in der Litauischen SSR anstreben, das auf der republikanischen Souveränität, auf der Offenheit [Glasnost], auf dem Strafgesetzbuch und auf internationalen Standards basiert."

(Sajudzio Zinios. Tagungsbericht, Nr. 4, 24.10.1988, in: Osteuropa 39 (1989), Heft 7, S. A 334f.)

M 16: Aus einem Bericht Gorbatschows über die Nationalitätenpolitik in der Sowjetunion (1989)

„In letzter Zeit wird bei uns viel und heftig Kritik an den Deformationen im Bereich der nationalen Beziehungen, an den verhängnisvollen Auswirkungen von Überzentralisierung, bürokratischem Leitungsstil und Ungerechtigkeiten in den Beziehungen einer Reihe von Völkern zueinander geübt. Diese Kritik ist berechtigt, mehr noch, sie ist notwendig. [...]
Unitarismus und das administrative Kommandosystem, die die Rechte der Republiken und der anderen nationalen Gebilde einengten, haben jedoch dem Funktionieren dieses Systems und damit auch der Realisierung der vielfältigen Interessen der in unserem Lande lebenden Völker großen Schaden zugefügt, den realen Inhalt der Föderation ausgehöhlt und den Fortschritt unserer ganzen Gesellschaft gebremst. [...] Entschieden zu verurteilen sind Fakten von Willkür und Aussiedlung von Völkern aus ihrem Lebensraum in den Jahren des Großen Vaterländischen Krieges. Wir müssen alles für die Wiederherstellung der missachteten Rechte der Sowjetdeutschen, Krimtataren, Mescheten, Kalmyken, Balkaren, Karatschaier, Tschetschenen, Inguschen, Griechen, Koreaner und Kurden tun. Diese Frage ist nicht einfach und in bestimmter Hinsicht schmerzhaft. Doch wie schwer es auch sein mag, es gibt nur einen Weg – beharrlich nach Lösungen zu suchen, die für alle akzeptabel sind und die jetzigen Realitäten berücksichtigen. [...]
Infolge jahrelanger Entwicklung der Wirtschaft der UdSSR auf planmäßiger Grundlage wurde ein hoher Grad ihrer Integration erzielt, bildete sich ein einheitlicher Volkswirtschaftskomplex heraus. [...] Eine Analyse zeigt, dass praktisch keine einzige Republik auf sich allein gestellt ein solches Potenzial schaffen könnte, über das sie heute verfügt. Ebensowenig könnte sie dessen normales Funktionieren und eine effektive Nutzung gewährleisten. [...]
Im Ergebnis des Zusammenlebens und der gemeinsamen Entwicklung unserer Völker auf dem Weg des Sozialismus formierte sich die sowjetische Kultur, deren Reichtum in der Vielfalt und der Farbigkeit der nationalen Besonderheiten und Traditionen besteht. [...]
Die gegenwärtige Etappe der Selbstbestimmung der Nationen setzt eine bedeutende Erweiterung der Rechte der Republiken, die entschiedene Beseitigung der Verzerrungen und Deformationen, die es in der Vergangenheit gab und deren verderbliche Folgen bis heute auf den verschiedenen Gebieten des Lebens unserer Gesellschaft zu spüren sind, auf die Tagesordnung. Vorgesehen ist vor allem ein Komplex von Maßnahmen, die auf die Festigung der politischen Selbstständigkeit der Unionsrepubliken und die Ausfüllung ihrer Souveränität mit realem Inhalt gerichtet sind. [...] Der neue Charakter der Beziehungen innerhalb der Föderation muss in der Verfassung der UdSSR seine rechtlichen Garantien finden. [...] Indes sind alle Völker unseres Landes äußerst daran interessiert, über ein zwischennationales Kommunikationsmittel zu verfügen, zu dem aus objektiven Gründen unter unseren Gegebenheiten die russische Sprache geworden ist."

(Sowjetunion heute, 34 (1989), Beilage zu Heft 10)

M 17: Aus einem sowjetischen Zeitungsbericht über die ökologische Katastrophe am Aralsee (1989)

„Eines der größten abflusslosen Wasserbecken der Welt schrumpft buchstäblich vor unseren Augen zusammen. Es ist keineswegs ausgeschlossen, dass unsere Generation Zeuge einer von Menschen verursachten Naturkatastrophe riesigen Ausmaßes werden wird: Ein Meer, einst doppelt so groß wie Belgien, verschwindet von der Landkarte. [...]
Blicken wir 30 Jahre zurück: ein blaues, endloses Meer, Fischer, die reiche Fänge von Brassen und Barben anlanden, Bauern, die Berge von Wasser- und Zuckermelonen anbieten. Damals überlegte man: Wenn man am Aralsee einen internationalen Kurort errichtet, kann man von den Gewinnen die Rohbaumwolle im Ausland kaufen, die man damals in der UdSSR dringend brauchte. Aber der Kurort kam nicht, statt dessen baute man in Usbekistan und in anderen mittelasiatischen Republiken mehr und mehr Baumwolle an. Dazu mussten aus dem Amudarja und dem Syrdarja, den wichtigsten Zuflüssen des Aralsees, für die Bewässerung wachsende Wassermengen entnommen werden. Das Ergebnis: Die beiden gewaltigen Ströme fließen nur noch auf Landkarten in den Aralsee. In Wirklichkeit tragen sie in den letzten Jahren so gut wie kein Wasser mehr ins Meer. [...]
Der Spiegel des Aralsees sinkt jährlich um rund 90 Zentimeter. Wenn das so weitergeht, wird nach den Prognosen zahlreicher Wissenschaftler gegen Ende dieses Jahrhunderts an der Stelle des Aralsees ein See mit Salzlake von maximal 5000 Quadratkilometern Fläche übrigbleiben – achtmal so groß wie der Bodensee. [...]

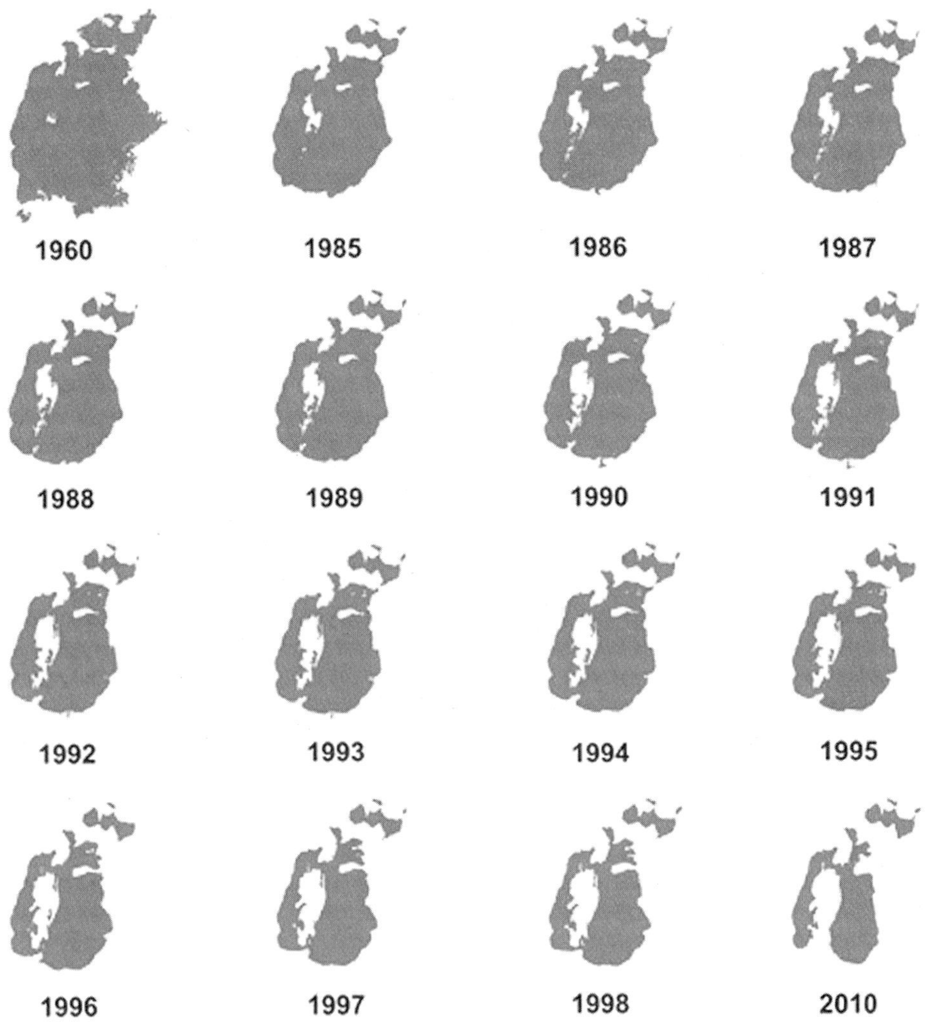

Die Verlandung des Aralsees – Grafik nach Satellitenaufnahmen 1960–1998, Prognose für 2010.

Man wird noch lange an den Umfang und die Folgen der Katastrophe von Tschernobyl denken. Wenn man aber das Schicksal des Aral-Gebiets und das Schicksal der dort lebenden Karakalpaken betrachtet, so wird der Schluss nahegelegt, dass der Schaden durch Versumpfung und Versalzung der dortigen Böden den Schaden durch die Katastrophe von Tschernobyl um ein Vielfaches übersteigt.
Was am Aralsee geschieht, gefährdet die Gesundheit und das Leben von fast drei Millionen Menschen. Die Situation wird durch die übermäßige Chemisierung in der Landwirtschaft noch verschärft. Schon in der Mitte seines Laufes ist das Wasser des Amudarja für den menschlichen Genuss praktisch unbrauchbar, geschweige denn an seinem Unterlauf.
In den letzten Jahren ist insbesondere in Karakalpakien die Säuglingssterblichkeit rasch angestiegen und beträgt heute 92 Promille, fast sechsmal soviel wie im Unionsdurchschnitt. Die Lebenserwartungen sind deutlich niedriger. Speiseröhrenkrebs wurde zu einer weitverbreiteten Krankheit, Hepatitis und Magenerkrankungen breiten sich aus. Bei Untersuchungen wurde in der Muttermilch eine deutlich höhere Salzkonzentration festgestellt. Der Schwund des Meeres hat bereits zu einer ökonomischen und klimatischen Tragödie geführt. Fischer und Seeleute wurden weitgehend arbeitslos, im Transportwesen spitzt sich die Lage zu, das Klima erhält zunehmend kontinentalen Charakter. [...]
Deshalb müssen jetzt gleich alle erforderlichen Schritte im Gesundheitswesen, zur Versorgung mit unbelastetem Trinkwasser getan werden. Außerdem muss man zu der für diese Region traditionellen Struktur der Wirtschaft (Viehzucht, Gemüseanbau, Kürbis und Melonenkulturen) zurückkehren und dem ressortmäßigen Monopolismus ein Ende setzen, der die Lebensinteressen von Millionen Menschen missachtet."

(Sowjetunion heute 34 (1989), Heft 5, S. 16ff.)

M 18: Aus der Erklärung von Alma Ata zur Gründung der GUS (21.12.1991)

„Die unabhängigen Staaten, die Aserbaidschanische Republik, die Republik Armenien, die Republik Belorussland, die Republik Kasachstan, die Republik Kyrgysistan, die Republik Moldowa, die Russische Föderation, die Republik Tadschikistan, Turkmenien, die Republik Usbekistan und die Ukraine, geben [...] in Loyalität gegenüber den Zielen und Prinzipien der Vereinbarung über die Schaffung der Gemeinschaft Unabhängiger Staaten folgende Erklärung ab: [...] Die Zusammenarbeit zwischen den Mitgliedern der Gemeinschaft wird gestaltet gemäß dem Grundsatz der Gleichberechtigung mit Hilfe koordinierender Institutionen, die auf paritätischer Grundlage gebildet sind und gemäß den Regeln tätig werden, die die Gemeinschaft – die weder ein Staat noch ein Superstaatsgebilde ist

Gemeinsamer Markt, Karikatur von Nik Ebert zur Vereinbarung über eine gemeinsame Wirtschaftspolitik der GUS-Staaten, Bundesrepublik Deutschland 1992.

– vereinbart hat. [...] Mit der Schaffung der Gemeinschaft Unabhängiger Staaten hört die Union der Sozialistischen Sowjetrepubliken auf zu existieren."

(Sowjetunion heute. Köln (Wostok-Verlagsgesellschaft) 1992, Heft 1/92, Beilage I)

M 19: Aus der Fernsehrede Michail Gorbatschows anlässlich seines Rücktritts (25.12.1991)

„Verehrte Landsleute! Mitbürger! Angesichts der Situation, die nach der Gründung der Gemeinschaft Unabhängiger Staaten entstanden ist, beende ich meine Tätigkeit als Präsident der UdSSR. Diese Entscheidung treffe ich auf Grund meiner Prinzipien. Ich trat immer fest ein für die Selbstständigkeit und die Unabhängigkeit der Völker, die Souveränität der Republiken. Aber gleichzeitig war ich auch für die Erhaltung des Unionsstaates und des ganzen Landes. Die Ereignisse haben sich in eine andere Richtung entwickelt. [...]
Ich spreche zu Ihnen das letzte Mal als Präsident der UdSSR. Deshalb halte ich es für notwendig, meinen seit 1985 gegangenen Weg einzuschätzen. Und dies umso mehr, da es darüber nicht wenige oberflächliche, widersprüchliche und nicht objektive Wertungen gibt. Das Schicksal hat es so gefügt, dass es sich bereits bei meiner Amtsübernahme zeigte, dass es im Land Probleme gab [...] – die Gesellschaft befand sich in der Schlinge eines bürokratischen Kommandosystems. Die Gesellschaft musste der Ideologie dienen und dabei die furchtbare Last des Wettrüstens tragen. [...] Es musste alles grundlegend verändert werden. [...] Mir war klar, dass die Einleitung von solchen großen Reformen in einer solchen Gesellschaft wie der unseren eine äußerst schwere und auch in bestimmter Hinsicht eine riskante Sache ist. Und auch heute bin ich noch von der historischen Richtigkeit der demokratischen Reformen überzeugt, die im Frühjahr 1985 eingeleitet wurden.
Der Prozess der Erneuerung des Landes und der grundlegenden Veränderungen in der Weltgemeinschaft hat sich komplizierter erwiesen, als man voraussagen konnte. Trotzdem muss man das Vollbrachte gebührend einschätzen. Die Gesellschaft wurde frei. Und das in politischer und geistiger Hinsicht. Und das ist die größte Errungenschaft. [...] Es wurde ein totalitäres System beseitigt, das ein weiteres Aufblühen und Wohlergehen des Landes verhinderte. Es wurde ein Durchbruch zu demokratischen Veränderungen vollzogen. Freie Wahlen, eine freie Presse, Religionsfreiheit, wirkliche Machtorgane und ein Mehrparteiensystem wurden zur Realität. Die Menschenrechte wurden als oberstes Prinzip anerkannt. Es wurde mit dem Übergang zu einer vielseitigen Wirtschaft begonnen. Alle Formen des Eigentums werden als gleichberechtigt anerkannt. [...] Die wirtschaftliche Freiheit des Produzenten wurde gesetzlich verankert. Das Unternehmertum, die Gründung von Aktiengesellschaften und die Privatisierung gewannen immer mehr an Kraft. Es muss daran erinnert werden, dass der Übergang zur Marktwirtschaft im Interesse des Menschen erfolgt. In dieser schweren Zeit muss alles für seinen sozialen Schutz getan werden. Das gilt vor allem für die alten Menschen und die Kinder.
Wir leben in einer anderen Welt: Der „Kalte Krieg" ist vorbei. Das Wettrüsten wurde gestoppt. Die wahnsinnige Militarisierung unseres Landes, die unsere Wirtschaft, das gesellschaftliche Bewusstsein und die Moral zugrunde richtete, wurde beendet. Die Gefahr eines Weltkrieges wurde beseitigt. Ich möchte noch einmal betonen, dass von meiner Seite in der Übergangsperiode alles für eine zuverlässige Kontrolle der Kernwaffen getan wurde. [...]
Als lebenswichtig erachte ich die Erhaltung der demokratischen Errungenschaften der letzten Jahre. Sie wurden unter den Qualen unserer gesamten Geschichte hervorgebracht. Auf sie darf unter keinen Umständen verzichtet werden. [...]
Ich verlasse meinen Posten mit Besorgnis. Aber auch mit der Hoffnung und dem Glauben in Ihre Klugheit und geistige Stärke. Wir sind die Nachkommen einer großen Zivilisation. Und es hängt jetzt von uns allen und von jedem Einzelnen ab, dass diese Zivilisation zu einem neuen und ihr würdigen und zeitgemäßen Leben erwacht."

(Sowjetunion heute, Köln (Wostok-Verlagsgesellschaft) 1992, Heft 1/92, Beilage II)

M 20: Aus der in Camp David unterzeichneten gemeinsamen Erklärung von US-Präsident George Bush und dem russischen Präsidenten Boris Jelzin (1992)

„Zum Abschluss dieses historischen Treffens zwischen einem amerikanischen Präsidenten und dem Präsidenten eines neuen und demokratischen Russland stimmen wir – die Führer von zwei großen Völkern und Nationen – überein, dass eine Reihe von Prinzipien die Beziehungen zwischen Russland und Amerika leiten sollten:
Erstens, dass Russland und die Vereinigten Staaten sich nicht länger als potenzielle Gegner betrachten. Von heute an wird ihre Beziehung durch Freundschaft und Partnerschaft charakterisiert sein, die auf gegenseitigem Vertrauen und Respekt und einer gemeinsamen Verpflichtung zu Demokratie und wirtschaftlicher Freiheit beruht.
Zweitens, dass wir daran arbeiten werden, irgendwelche Überreste von Kalter-Kriegs-Feindseligkeit zu beseitigen, eingeschlossen Schritte zur Verringerung unserer strategischen Arsenale. [...]
Mit der Annahme dieser Prinzipien beginnen die Vereinigten Staaten und Russland heute eine neue Ära in ihren Beziehungen. In dieser neuen Ära streben wir nach Frieden, einem anhaltenden Frieden, der auf dauerhaften gemeinsamen Werten beruht. Dies kann ein Zeitalter von Frieden und Freundschaft sein, das nicht nur unseren Völkern, sondern Völkern in der ganzen Welt Hoffnung bringt. Denn während unser Konflikt die Welt für Generationen teilen half, können wir nun, in Zusammenarbeit mit anderen und zwischen uns, die Welt durch unsere Freundschaft vereinigen – eine neue Allianz von Partnern, die gegen die gemeinsamen Gefahren arbeitet, vor denen wir stehen."

(Süddeutsche Zeitung, 3.2.1992)

M 21: Der Historiker Bernd Stöver über das Ende des Kalten Kriegs (2003)

„Versucht man die Erklärungsmuster zum Ende des Kalten Krieges und zum Untergang der Sowjetunion zu bündeln, so zeigen sich zwei Hauptrichtungen. Nach der ersten waren vor allem interne Gründe, die bereits in der Gründungsphase der UdSSR angelegt wurden, für den Zerfall verantwortlich. Die Sowjetunion war nach dieser Theorie aufgrund fehlender intellektueller und wirtschaftlicher Ressourcen nicht in der Lage, die ideologische Wegbereiterrolle der „Weltrevolution" zu spielen, die ihr Lenin zugedacht hatte. Unter Stalin sei der Weg ideologischer Überzeugung zugunsten der Ausübung militärisch-politischen Drucks endgültig verlassen worden. Hieraus seien die Widerstände gegen Moskau und den Kommunismus innerhalb des sowjetischen Machtbereichs, so unterschiedlich sie im einzelnen auch begründet waren, entstanden.

Die zweite Erklärung gibt den externen Gründen die Hauptschuld am Niedergang. Nach dieser Deutung hat der Westen durch seine Offensive gegen den Kommunismus seit dem Beginn des Kalten Krieges, schließlich vor allem auch die Ankündigung des SDI-Programms, die Sowjetunion besiegt.

Man kann noch eine dritte Erklärung anbieten, die beide Auffassungen verknüpft, aber die Bedeutung der zahmeren Version der Befreiungsidee, die John F. Kennedys „Strategy of Peace" oder Egon Bahrs „Wandel durch Annäherung" letztendlich waren, stärker heraushebt. Beide Ideen beruhten auf der Magnettheorie als Teil der Befreiungspolitik, auch wenn sie die offensive Form der Liberation Policy, wie sie bis 1956 stattgefunden hatte, strikt ablehnten. Bahr hatte 1963 ausdrücklich die gezielte Erzeugung von Konsumwünschen im sowjetischen Machtbereich als Hebel zur Wiedervereinigung und letztendlich auch zur Auflösung des Ostblocks bezeichnet. Er sollte die Entwicklung kontrollierbar machen und weitere unerwünschte blutige Aufstände verhindern. Gezielte Informations- und Handelspolitik waren auch der Kern dieser Strategie. Man kann nicht bestreiten, dass diese zahmere Version einer Befreiungspolitik, die man auch als offensives Containment bezeichnen kann, sich zumindest für Europa als erfolgreich erwies.

Die Verknüpfung aller drei Thesen trifft wahrscheinlich am ehesten die historische Wahrheit: Die Sowjetunion stand in den achtziger Jahren innen- wie außenpolitisch vor enormen Herausforderungen. Gleichzeitig schien auf die bisherige Weise keine tragfähige Lösung mehr möglich. Zu den Verstärkern der Krise gehörten neben dem vom Westen angekündigten immens teuren SDI-Programm, das ja die über Jahre angehäuften Nuklearwaffen auf einen Schlag nutzlos gemacht hätte, insbesondere die intensiver geäußerten Konsumansprüche der Bevölkerung im gesamten sowjetischen Machtbereich. Sie waren durch die elektronischen Medien des Westens erheblich forciert worden. Mit ihnen verband sich schließlich die Forderung nach mehr persönlicher Freiheit und politischer Selbstbestimmung."

(Bernd Stöver, Der Kalte Krieg. München (C.H. Beck) 2003, S. 117f.)

11. Die Welt nach dem Kalten Krieg – auf der Suche nach einer „neuen Weltordnung"

M 1: Aus einer Rede des US-Präsidenten George Bush nach dem Ende des 2. Golfkriegs (6. 3. 1991)

„Erstens müssen wir zusammenarbeiten, um gemeinsame Sicherheitsarrangements in der Region hervorzubringen. Unsere Freunde und Verbündeten im Nahen Osten erkennen, dass sie den Hauptteil der Verantwortung für die regionale Sicherheit tragen werden. Wir möchten ihnen jedoch versichern, dass die Vereinigten Staaten – ebenso wie sie ihnen zur Abwehr der Aggression beigestanden haben – nun bereit sind, mit ihnen bei der Sicherung des Friedens zusammenzuarbeiten.

Zweitens müssen wir handeln, um die Weiterverbreitung von Massenvernichtungswaffen und der zu ihrem Abschuss eingesetzten Raketen zu kontrollieren. Es wäre tragisch, wenn die Länder im Nahen Osten und am Persischen Golf jetzt nach dem Krieg einen neuen Rüstungswettlauf aufnehmen würden. Dem Irak gebührt besondere Aufmerksamkeit. Bis der Irak die Welt von seinen friedlichen Absichten überzeugt – dass seine Führer nicht erneut Mittel einsetzen, um seine bedrohliche Kriegsmaschinerie neu auszurüsten und wiederaufzubauen –, darf der Irak keinen Zugang zu Instrumenten der Kriegführung bekommen.

Drittens müssen wir an der Schaffung neuer Möglichkeiten für Frieden und Stabilität im Nahen Osten arbeiten. In der Nacht, als ich die Operation Wüstensturm [„Desert Storm"] ankündigte, habe ich auch meine Hoffnung bekundet, dass sich aus den Schrecken des Krieges neue Impulse für den Frieden ergeben. Wir haben in der heutigen Zeit gelernt, dass die geographische Lage keine Sicherheit garantiert und Sicherheit nicht allein aus militärischer Stärke resultiert.

Viertens müssen wir zugunsten von Frieden und Fortschritt die wirtschaftliche Entwicklung ankurbeln. Der Persische Golf und der Nahe Osten gehören zu einer Region, die reich an Bodenschätzen ist und wo Menschen leben, die über große, ungenutzte Potenziale verfügen."

(Amerika-Dienst, Nr. 10, 13.3.1991, S. 1ff.)

M 2: US-Präsident Bill Clinton (1994)

„Die beste Strategie, unsere Sicherheit zu gewährleisten und einen dauerhaften Frieden zu bewahren, ist die Förderung der Demokratie überall. Demokratien greifen sich nicht gegenseitig an. Sie sind bessere Handelspartner und kommen diplomatisch besser miteinander aus. Das ist der Grund, warum wir – Sie und ich – die demokratischen Reformer in Russland und anderen Staaten des ehemaligen Ostblocks unterstützt haben. [...]

Wir werden fortfahren, Russland und die anderen Staaten zu drängen, ihre wirtschaftlichen Reformen voranzutreiben, und wir werden uns weiterhin um Kooperation in der Lösung regionaler Probleme bemühen. Gleichzeitig bestehen wir darauf, dass russische Truppen in ihren Nachbarstaaten nur dann aktiv werden, wenn diese Staaten es wünschen – und wenn dies in strikter Übereinstimmung mit internationalen Regeln erfolgt. Aber wir dürfen nicht vergessen, dass in dem Maße, wie diese Nationen ihre eigene Zukunft gestalten – und sie müssen ihre eigene Zukunft gestalten –, unser eigenes Volk sicherer und wohlhabender sein wird: falls demokratische und wirtschaftliche Reformen im gesamten ehemaligen Ostblock erfolgreich sein werden. [...]

Es gibt einige in unserem Lande, die argumentieren, nun nach dem Ende des Kalten Krieges solle Amerika dem Rest der Welt seinen Rücken zuwenden. Viele in der ganzen Welt befürchten, wir würden genau dies tun. Aber ich habe dieses Amt mit dem Versprechen übernommen, die Sicherheit unseres Landes zu erhalten durch unser Engagement in der Welt."

(US Policy Information and Texts, USIS, Bonn, 26.1.1994)

M 3: US-Präsident George W. Bush formuliert die „Bush-Doktrin" (17.9.2002)

„Die Vereinigten Staaten erfreuen sich gegenwärtig beispielloser militärischer Stärke und eines großen wirtschaftlichen und politischen Einflusses. [...] Die Verteidigung unserer Nation ist die erste und wichtigste Verpflichtung der Regierung. Diese Aufgabe hat sich jetzt dramatisch verändert. In der Vergangenheit benötigten Feinde große Armeen und umfangreiche industrielle Fähigkeiten, um eine Gefahr für die Vereinigten Staaten darzustellen. Heutzutage können schemenhafte Netzwerke von Einzelpersonen großes Chaos und Leid über unser Land bringen – und es kostet sie weniger als ein einziger Panzer. Terroristen durchdringen offene Gesellschaften und richten moderne Technologien gegen uns. [...]
In der Verbindung von Radikalismus und Technologie liegt die größte Gefahr für unsere Nation. Unsere Feinde haben offen erklärt, dass sie den Besitz von Massenvernichtungswaffen anstreben und es gibt Beweise dafür, dass sie dieses Ziel mit Entschlossenheit verfolgen. Die Vereinigten Staaten werden es nicht zulassen, dass solche Bemühungen von Erfolg gekrönt werden. Wir werden uns gegen ballistische Raketen und andere Waffen schützen. Wir werden mit anderen Nationen zusammenarbeiten, um es unseren Feinden unmöglich zu machen, gefährliche Technologien zu beschaffen. Es ist eine Sache des gesunden Menschenverstands und der Selbstverteidigung, dass die Vereinigten Staaten gegen solche aufkommenden Bedrohungen vorgehen werden, bevor sie übermächtig werden. Wir können die Vereinigten Staaten und unsere Freunde nicht verteidigen, wenn wir nur das Beste hoffen. Daher müssen wir bereit sein, die Pläne unserer Feinde zunichte zu machen, indem wir uns der besten Informationsquellen bedienen und mit Bedacht vorgehen. Die Geschichte wird mit denen scharf ins Gericht gehen, die diese Gefahr auf sich zukommen sahen, aber nichts dagegen unternommen haben. In der neuen Welt, in der wir leben, ist der einzige Weg zu Frieden und Sicherheit der Weg des Handelns. [...]
Im Streben nach einem freiheitsorientierten Kräftegleichgewicht werden die Vereinigten Staaten von der Überzeugung geleitet, dass alle Nationen eine wichtige Verantwortung tragen. Freie Nationen müssen Terrorismus aktiv bekämpfen. Nationen, die von internationaler Stabilität abhängig sind, müssen dazu beitragen, die Verbreitung von Massenvernichtungswaffen zu verhindern. Nationen, die internationale Hilfe brauchen, müssen selbst weise regiert werden, damit die gewährten Mittel auch sinnvoll verwendet werden können. Um sich frei entfalten zu können, ist Verantwortungsbewusstsein nötig und wird auch erwartet. [...]
Freiheit ist eine nicht verhandelbare Forderung menschlicher Würde, das Geburtsrecht jedes Menschen in jeder Zivilisation. In der Geschichte wurde die Freiheit durch Krieg und Terrorismus bedroht, sie wurde von den widersprüchlichen Absichten mächtiger Staaten und den verwerflichen Zielen von Tyrannen in Frage gestellt und durch weit verbreitete Armut und Krankheiten auf die Probe gestellt. Die Menschheit hat jetzt die Möglichkeit, den Triumph der Freiheit über all diese Widerstände voranzutreiben."

(www.usembassy.de/policy/nss.pdf, 29.6.2003, S. 2 – 6)

Der Terrorangriff am 11. September 2001, der das World Trade Center in New York zum Einsturz brachte - ein Vorfall, der die Welt veränderte. Auf dem Foto steuert das zweite Passagierflugzeug auf den bis dahin unzerstörten Südturm zu, der Nordturm brennt bereits.

M 4: Der Journalist Tomas Avenarius über Russland und seine Rolle im 21. Jahrhundert (2003)

„Russland ist [...] lange schon keine Supermacht mehr. Und mehr: Es ist weder politisch noch wirtschaftlich noch militärisch eine echte Großmacht – und die Frage stellt sich, welche Möglichkeiten es hat, wieder zu einer solchen zu werden. [...] Obwohl das meiste verloren ist, was die Zaren und die KP-Führer in Jahrhunderten der Eroberung und Einflussnahme an Land und Leuten dazugewonnen hatten. Obwohl das Bruttosozialprodukt nicht einmal dem Spaniens entspricht. Obwohl die russische Armee selbst den Kleinkrieg in Tschetschenien kaum in den Griff kriegt. Dennoch sagt Präsident Wladimir Putin: „Unsere Vorfahren haben uns gelehrt, dass ein Land wie Russland nur ein starkes Land sein kann." [...]
Russland lebt gut zur Hälfte vom Rohstoffexport, ist inzwischen nach Saudi-Arabien der weltweit zweitgrößte Exporteur von Erdöl. Auf diese Weise aber findet keine Diversifizierung der Industrie statt, werden zu wenig konkurrenzfähige Güter produziert, bleiben die ausländischen Investitionen gering, lebt ein Viertel der Bevölkerung unter der Armutsgrenze. Die Einkünfte aus dem Rohstoffexport mögen dazu beitragen, dass in Moskau zahllose Dollar-Millionäre leben. Sie bieten aber keinen Ersatz für eine Volkswirtschaft, die der Masse der knapp 145 Millionen Russen Bildung, Arbeit und bescheidenen Wohlstand garantiert. [...] Fakt ist: Das größte Land der Erde ist derzeit politisch, wirtschaftlich, militärisch und demographisch zu schwach, um eine seiner Größe und seinem wirtschaftlichen und gesellschaftlichen Potenzial entsprechende Rolle zu spielen. Die Frage ist, ob dies so bleiben muss. Es kennzeichnet die russische Geschichte, dass Phasen äußerster Schwäche mit neuem Aufschwung kontrastieren. Zudem verfügt Russland nicht nur über enorme Bodenschätze, sondern bis heute über ein großes Reservoir an gut ausgebildeten Fachleuten. [...]
Was bleibt, ist die Rolle als Juniorpartner der USA. Die hat Russland eingenommen, als es direkt nach dem 11. September an die Seite der Amerikaner trat im Kampf gegen den Terror. [...] In Moskau weiß man, dass vom Westen her keine Gefahr droht. Anders im Süden und Osten: an den langen Grenzen im Kaukasus, in Zentralasien und mit China. Seit der Loslösung von Moskau hat sich die Region in eine explosive Mischung aus gescheiterten Staaten, Nationalitätenkonflikten, Diktaturen, Pseudo-Demokratien und islamistischen Oppositionsgruppen verwandelt. Russland muss fast dankbar sein, dass die USA im Zuge des Afghanistankrieges Stellung bezogen haben in Zentralasien, dass die Nato sich vortastet in den Kaukasus. [...] Und China

mit seinem enormen Bevölkerungszuwachs auf begrenzter Fläche ist kein angenehmer Nachbar – die russischen Gebiete im Fernen Osten und Sibirien sind unterbevölkert. Mögliche Konflikte zeichnen sich auch hier ab."

(Süddeutsche Zeitung, 25.6.2003, S. 11)

M 5: Der Journalist Eric Chauvistré (1998)

„1993 vollzog Präsident Bill Clinton einen Bruch mit der bis dahin gültigen US-Außenpolitik. Dieser Bruch wurde deutlich mit der Entwicklung und Akzeptanz einer Linie, die mitunter auch als „Rogue Doctrine" bezeichnet wird. Verfechter dieser „Schurken-Doktrin" gehen davon aus, dass es eine – nicht klar definierte – Gruppe von Staaten gibt, die sich nicht der ansonsten vermeintlich liberal-demokratischen Weltordnung fügen und deshalb ausgegrenzt und im Zweifelsfall militärisch bekämpft werden müssen. Erste Anzeichen für die Entwicklung der neuen Doktrin waren in den späten 80er Jahren erkennbar, als sich die Ost-West-Konfrontation abschwächte und die weltweiten mobilen Eingreifkapazitäten der USA anwuchsen. In Europa setzte bald nach dem Amtsantritt Gorbatschows 1985 eine Entspannung ein, während die USA bereits 1979 durch die iranische Revolution ihren wichtigsten Alliierten am Persischen Golf verloren hatten. Der Aufbau des US-Militärapparates rund um den Persischen Golf setzte unmittelbar nach dem Machtwechsel in Teheran ein. Das konnte bis Ende der 80er Jahre noch mit der vermeintlichen Bedrohung aus dem Osten gerechtfertigt werden: Es galt, so die offizielle Begründung, die Ölressourcen des Westens gegen den Zugriff der Sowjetunion zu schützen.
Mit dem endgültigen Ende der Ost-West-Konfrontation geriet diese US-Politik jedoch in eine Legitimationskrise. Die weltweite Militärpräsenz war stets durch die Opposition zur Militärmacht Sowjetunion gerechtfertigt worden. Ein solch mächtiger Kontrahent war nun nicht mehr in Sicht. Erstmals in ihrer Geschichte waren die USA damit zu einer globalen und unangefochtenen Militärmacht geworden – und dies ohne Aussicht auf einen ebenbürtigen Kontrahenten. Der Feind war nun nicht mehr eine ungeliebte, aber respektierte Sowjetunion, sondern ein Haufen unbekannter und vermeintlich unberechenbarer „Schurken". Je nach persönlicher Präferenz gehören Irak, Iran, Nordkorea, Libyen, Syrien, Birma, Serbien und Kuba dazu. Allein die teilweise katastrophale Menschenrechtssituation in diesen Ländern ist dabei offensichtlich nicht ausschlaggebend: Ein Blick in den Jahresbericht von amnesty international reicht aus um zu sehen, dass Irak, Iran und wer sonst gerade zu den „Rogues" gerechnet wird, in einer Reihe mit vielen Staaten stehen, die enge Verbündete der USA sind.
Die verzweifelte Suche nach einer neuen militärischen Doktrin war durchaus verständlich, denn nur eine solche Doktrin, zudem eine mit moralischem Anspruch, gab der weltweiten militärischen Präsenz der USA die nötige Legitimation. Die Fortsetzung ihrer Rolle als globale Militärmacht fand so eine ideologische Untermauerung. Denn obwohl die US-Militärausgaben nach dem Ende des Kalten Kriegs leicht abglitten, waren sie Anfang der 90er Jahre immer noch höher als zur Zeit der Reagan-Administration, die zu einer in ihrem Ausmaß historisch einmaligen Aufrüstung angesetzt hatte. Hinzu kommt, dass die Anzahl von Soldaten in modernen Militärapparaten immer unwichtiger wird. Bedeutender wird eine weltweite Infrastruktur, die sowohl Militärsatelliten als auch Munitionsdepots in der Nähe möglicher Kriegsschauplätze umfasst. In ein solches globales Netz investierten die USA mit dem Ausklingen der Ost-West-Konfrontation unvermindert. Da gleichzeitig mit dem Ende des Kalten Kriegs die Erwartung einer weniger fragmentierten Welt an Popularität gewann, lag es nahe, die potenziellen neuen Feinde als Ausnahmen in einer ansonsten harmonischen und friedlichen Welt darzustellen.
Dieses Bild wurde untermauert durch die These des „liberalen Friedens", deren Anhänger davon ausgehen, dass „demokratische" oder „liberale" Staaten keine Kriege gegeneinander führen. Die Aufteilung der Welt in „gute" und „böse" Staaten hat zur Folge, dass Kriege gegen Nicht-Demokraten gutzuheißen sind, d. h. dass das Recht auf Krieg ins Völkerrecht zurückkehren muss, wenn man dem Ziel einer endgültig friedlichen, liberalen Weltordnung näherkommen will. Schließlich lässt sich aus der These des „liberalen Friedens" ableiten, dass eine Abrüstung demokratischer Staaten überflüssig, wenn nicht gar kontraproduktiv ist. Denn je besser gerüstet eine „liberale Demokratie" für einen Krieg mit dem „undemokratischen Lager", desto größer ist ihr Beitrag für den Weltfrieden. Demnach wären nur die Atom-, Chemie- und Biowaffen der „undemokratischen" Staaten gefährlich.
Die Entwicklung der „Rogue-Doctrine" war ein genialer Schachzug der militärpolitischen Elite der USA um die Legitimationskrise der US-Militärs nach 1989/90 zu überwinden. Sie benötigt jedoch einen dauernden Spannungszustand mit zumindest einem designierten „Schurken". Andernfalls bestünde die Möglichkeit, dass die immensen US-Arsenale an ABC-Waffen genauso in Frage gestellt würden wie die weltweite militärische Infrastruktur der USA."

(Frankfurter Rundschau, 4.2.1998)

M 6: Der Politikwissenschaftler Wilfried von Bredow (2002)

„Trotz einer weit zurückreichenden Geschichte von destruktivem Außenseiter-Verhalten einzelner Staaten im Umgang mit seinen Nachbarn konzentriert sich die Debatte über Schurkenstaaten auf die Entwicklung nach dem Ende des Ost-West-Konflikts. Der friedliche Zusammenbruch der sowjet-kommunistischen Regime schien den Weg frei gemacht zu haben für eine neue Weltordnung jenseits von Bipolarität und nuklearer Abschreckung.
Für die Vereinigten Staaten war das Jahr 1990 ein unerwarteter Höhepunkt ihrer politischen Macht. Leicht siegestrunkene Publizisten verkündeten, jetzt gebe es nur noch eine Supermacht, und reflektierten über das „Ende der Geschichte", worunter man sich die Ausfahrt aus einem langen und bedrückenden Tunnel ins Freie vorstellte, in die freie Marktwirtschaft unter der Sonne der Menschenrechte. Zu einem politischen Programm wurde das Gemisch solcher Gefühle, Erwartungen und Überlegungen in der Fernsehansprache des amerikanischen Präsidenten George Bush zu Beginn der Kampfhandlungen des zweiten Golfkrieges am 16. Januar 1991. Bush wollte an die traditionellen Werte und an das leicht missionarische Selbstverständnis der amerikanischen Nation als moralisch handelnder Ordnungsmacht appellieren: „Dies ist ein historischer Augenblick. Vor uns liegt die Chance, für uns und für zukünftige Generationen eine neue Weltordnung zu formen, eine Welt, in der die Herrschaft des Gesetzes das Verhalten von Nationen leitet." Und in seiner Botschaft zur Lage der Nation vor dem Kongress am 29. Januar 1991 klang das gleiche Motiv wieder an: „Die Welt kann diese Gelegenheit ergreifen, um die langgehegte Hoffnung auf eine neue Weltordnung zu erfüllen – in der Brutalität nicht zum Ziel führt und Aggression auf kollektiven Widerstand stößt. Ja, die Vereinigten Staaten

übernehmen einen großen Teil der Führungsrolle in diesem Bestreben. Unter den Ländern der Welt verfügen lediglich die Vereinigten Staaten über das moralische Ansehen und die Mittel zu seiner Durchsetzung."
Der rasche militärische Sieg im Golfkrieg und das Unvermögen der Vereinigten Staaten, den Irak auf einen anderen innen- und außenpolitischen Weg zu drängen, bilden den Ausgangspunkt für das postbipolare Bedrohungsbild in den Vereinigten Staaten. Als dessen zentrale Akteure erscheinen ebenjene Staaten, die sich brutal und aggressiv gegen die Etablierung einer neuen und friedlichen Weltordnung zur Wehr setzen. In dem Jahrzehnt danach sind es Staaten wie der Irak, Iran, Libyen, Kuba und Nordkorea, welchen das Etikett eines Schurkenstaats aufgeklebt wurde. Sie gehören in den Augen der amerikanischen Regierung vor allem deswegen in diese Kategorie, weil sie Massenvernichtungswaffen in ihren Besitz bringen wollen, den internationalen Terrorismus unterstützen, weil sie ihre eigene Bevölkerung systematisch unterdrücken und misshandeln und weil sie ihre Politik betont amerikafeindlich ausrichten. [...]
Die amerikanische Politik, Schurkenstaaten im Alleingang zu identifizieren und dann eine Politik der Isolierung zu verfolgen, stößt bei vielen Verbündeten auf wenig Verständnis. [...] Es braucht dazu eine multilateral legitimierte Politik im Namen der internationalen Staatengemeinschaft. Mag dieser Begriff auch einen euphemistischen Überschuss enthalten, es führt kein Weg an einem solchen führungsstarken Multilateralismus vorbei."

(Frankfurter Allgemeine Zeitung, 9.4.2002, Nr. 82, S. 8)

M 7: Gudrun Steinacker, OSZE-Sekretariat Wien (2001)

„Die OSZE ist eine regionale Sicherheitsorganisation ihrer 55 Teilnehmerstaaten, die sich von Wladiwostok nach Vancouver über die gesamte nördliche Hemisphäre erstreckt. Sie ist heute in ihrer Region die Organisation mit der meisten Erfahrung in zivilen Friedensmissionen. Die OSZE ist seit Beginn der 70er Jahre aus der KSZE, einer Abfolge von Konferenzen über Sicherheit und Zusammenarbeit in Europa entstanden. Die Bereiche, mit denen sich die OSZE heute befasst, entsprechen im wesentlichen noch immer den sog. drei „Körben" der Schlussakte von Helsinki von 1975: vertrauensbildende Maßnahmen im Bereich der militärischen Zusammenarbeit, Menschenrechte, Demokratisierung, Medienfreiheit, die sog. menschliche Dimension der OSZE, und Zusammenarbeit im wirtschaftlichen und im Umweltbereich. Dazu kommen heute noch die Organisation und Beobachtung von Wahlen, Polizeimonitoring und -training und Grenzbeobachtung.
Die OSZE-Missionen haben mit Ausnahme der OSZE-Mission im Kosovo, die auf die Sicherheitsratsresolution der Vereinten Nationen 1244 zurückgeht, ein Mandat vom Ständigen Rat der OSZE, was aufgrund des Konsensprinzips in der OSZE bedeutet, dass sie immer auch die Zustimmung des Staats besitzen, in dem sie eingerichtet wurden. Die Missionen sind ein Instrument der Vorwarnung, der Konfliktverhütung und des Krisenmanagements. Davon steht natürlich vieles oft nur auf dem Papier, da es bei der Umsetzung letztlich immer auf den politischen Willen der beteiligten Staaten ankommt. Daher muss man sich vor allem die Praxis vor Ort anschauen. Ein wichtiger Arbeitsbereich der OSZE, auf dem Balkan von besonderer Bedeutung, ist die Rehabilitation nach einem Konflikt, die Wiederherstellung oder überhaupt erst die Schaffung eines demokratischen Rechtsstaats und einer Zivilgesellschaft.
Zur Zeit hat die OSZE 21 Einsätze, die nicht alle die Bezeichnung „Mission" tragen, z. B.gibt es in Albanien eine „Präsenz" der OSZE, die von einem deutschen Diplomaten geleitet wird; in Zentralasien haben wir zum Teil Zentren, im Kaukasus Büros. Die Zahl der internationalen Mitarbeiter beläuft sich derzeit auf etwa 1.300 internationale und, was für mich im Schulungsbereich sehr wichtig ist, auf über 3.000 lokale Mitarbeiter(-innen), vom Kraftfahrer, Boten, der Sekretärin und dem /der Übersetzer(-in) bis hin zu professionellen Mitarbeiter(-inne)n, Juristen, Journalisten usw. Gerade auf diese Mitarbeiter(-innen) müssen wir bei Schulungen in den Missionen ein besonderes Augenmerk richten, weil sie für die Nachhaltigkeit der OSZE-Missionen sehr wichtig sind. Sie werden bleiben – wenn die OSZE-Missionen hoffentlich (das ist ja das Ziel) eines Tages beendet werden. Bisher wurde allerdings noch keine Mission für beendet erklärt.
Die größten Missionen der OSZE sind auf dem Balkan. Davon ist die OSZE-Mission im Kosovo (OMIK) im Rahmen der UN Mission im Kosovo (UNMIK) am bekanntesten und größten mit rund 600 internationalen und 1300 lokalen Missionsmitgliedern. Dann folgen Bosnien, Kroatien, Jugoslawien (seit Anfang dieses Jahres), Albanien und natürlich in Skopje – übrigens eine der ersten Missionen überhaupt, die von der OSZE schon 1993 eingerichtet wurde. Skopje ist zur Zeit dabei, Bosnien den Rang als zweitgrößte Mission abzulaufen, da die Mission aufgrund von mehreren Beschlüssen des Ständigen Rats auf über 200 internationale Missionsmitglieder erweitert werden wird. Dann haben wir Missionen im Baltikum und Büros in einigen osteuropäischen Staaten wie der Ukraine, Weißrussland und Moldau; zudem die Missionen und Büros im Kaukasus. Die größte davon ist in Georgien. In allen fünf zentralasiatischen Staaten hat die OSZE-Zentren, bzw. in Tadschikistan eine Mission. Die mit dem andauernden Konflikt in Afghanistan verbundene Bedrohung für die regionale Sicherheit ist insofern keineswegs neu für die OSZE. Drei der OSZE-Teilnehmerstaaten in Zentralasien haben zum Teil sehr lange Grenzen mit Afghanistan und sind seit langem unmittelbar von dem andauernden Krieg dort und seinen Folgen betroffen. [...]
Alle OSZE-Missionen haben neben ihren unterschiedlichen Mandaten die Aufgabe, die Zivilgesellschaft zu fördern, zur Demokratisierung, der Entwicklung eines Rechtsstaats beizutragen, die Menschenrechte und die Medienfreiheit zu entwickeln."

(www.nachtwei.de/friedensmissionen/doku_lessons_steinacker.htm)

M 8: Der Politikwissenschaftler Carsten Giersch über OSZE, EU, UNO und NATO (1997)

„Mit den Kriegen in Kroatien und Bosnien-Herzegowina war zwischen 1991 und 1995 der schlimmste anzunehmende Fall ethnisch-territorialer Konflikte in Europa eingetreten. Die militärische Expansionspolitik Serbiens stellte eine außerordentliche Herausforderung für die multilateralen Institutionen dar, die nach dem Ende des Ost-West-Konflikts eine Neubestimmung ihrer künftigen sicherheitspolitischen Rolle vornahmen. OSZE, EU, UNO und NATO bildeten den Rahmen für die internationale Jugoslawien-Politik. In ihrem Namen ist zwar ein breites Spektrum von Interventionsformen zur Anwendung gekommen, die Zusammenarbeit zwischen den Institutionen führte jedoch nicht zur gemeinsamen Entwicklung einer wirksamen Strategie zur Konfliktregulierung. Die schier endlose Verzögerung eines entschlossenen Eingreifens hat nicht

Soldaten des deutschen Kontingents der Friedenstruppe SFOR in der Innenstadt von Sarajewo im Dezember 1997 nach Beendigung des Kriegs in Bosnien-Herzegowina

nur zu einer unnötig langen Dauer des Krieges, sondern auch zu höchst unbefriedigenden Ergebnissen geführt. So konnten weder eine rasche Beendigung der Gewalt noch konstruktive politische Lösungen erreicht werden. Das lag unter anderem daran, dass die europäischen Großmächte die verschiedenen internationalen Organisationen als Plattformen zur Verfolgung einer ihren jeweiligen Interessen angepassten, variablen Politik genutzt haben. Die Vorstellung, kollektive Sicherheit ließe sich durch eine ursprünglich auch von Russland geforderte vertragliche Aufwertung der OSZE zur übergeordneten „Europäischen Sicherheitsgemeinschaft" verwirklichen, hat sich folglich als unrealistisch erwiesen.

Die EU hat bei ihren Vermittlungsbemühungen nicht den Beweis der Fähigkeit zu einer konsequenten gemeinsamen Außen- und Sicherheitspolitik erbracht. Der UN-Sicherheitsrat, verantwortlich für die Wahrung des Weltfriedens, beschloss zwar eine Reihe von wirtschaftlichen und militärischen Sanktionen, verweigerte der bosnischen Regierung aber die Hilfe zur Selbstverteidigung. Die unparteiisch durchgeführten UN-Blauhelmoperationen in Kroatien und Bosnien-Herzegowina leisteten keinen Beitrag zur Konfliktregulierung. Die NATO übernahm unter der Ägide der UNO militärische Aufgaben bei der Umsetzung von Resolutionen des Sicherheitsrats, stellte damit jedoch ihre eigene Handlungsfähigkeit in Frage. Am Ende wurden die Konflikte in Kroatien und in Bosnien-Herzegowina militärisch entschieden und die Friedenslösungen sind unbefriedigend ausgefallen. Nachdem der Jugoslawien-Konflikt gezeigt hatte, dass ein System kollektiver Sicherheit in Gesamteuropa kaum zu erreichen ist, bleibt das Sicherheitsmodell regionaler Integration durch die Erweiterung von NATO und EU die einzige realistische Alternative. Die Osterweiterung von EU und NATO erhält ihre Bedeutung insbesondere durch die damit verbundene Ausdehnung der westeuropäischen Stabilitätszone und stellt die sicherste Methode der Konfliktprävention dar. Die Vielzahl der mittlerweile unter Mitwirkung der OSZE und des Europarates abgeschlossenen Grundlagenverträge zwischen den osteuropäischen Staaten ist zweifellos darauf zurückzuführen, dass EU und NATO die Beilegung von Grenzstreitigkeiten und die friedliche Regelung von Minderheitenproblemen zur Beitrittsbedingung erklärt haben. Der Prozess der regionalen Integration wird freilich – vor allem was die EU angeht – noch Jahre in Anspruch nehmen und räumlich begrenzt sein.

Damit sich keine abgeschlossenen Zonen unterschiedlicher Sicherheit bilden, ist der Ausbau der militärpolitischen Zusammenarbeit unter dem Dach des am 30. Mai 1997 geschaffenen „Euroatlantischen Partnerschaftsrates" der NATO von entscheidender Bedeutung. Er dient nicht nur der Vertrauensbildung, sondern auch der Vorbereitung von multinationalen, aber unter integriertem Kommando durchgeführten Friedenseinsätzen. Ob allerdings in diesem erweiterten Rahmen eindeutige Mechanismen für eine Intervention in möglicherweise eskalierende ethnische Konflikte vereinbart werden können, hängt davon ab, wie sich die Sonderbeziehungen zwischen der NATO und Russland im neuen „Ständigen Gemeinsamen Rat" in Bezug auf Fragen der gesamteuropäischen Sicherheit entwickeln."

(Aus Politik und Zeitgeschichte B 29/97, S. 38 – 40)

M 9: Das „Strategische Konzept" der NATO, verabschiedet auf dem Gipfeltreffen der Staats- und Regierungschefs in Washington (April 1999)

„Die NATO hat während der vierzig Jahre des Kalten Krieges die Freiheit ihrer Mitgliedsstaaten erfolgreich gesichert und einen Krieg in Europa verhindert. Durch die Verbindung von Verteidigungsbereitschaft mit Dialog spielte sie eine unerlässliche Rolle bei der friedlichen Überwindung des Ost-West-Gegensatzes. [...] Die Gefahren des Kalten Krieges sind viel versprechenden Perspektiven, aber auch Herausforderungen, neuen Chancen und Risiken gewichen. [...] Die Vereinten Nationen, die Organisation für Sicherheit und Zusammenarbeit in Europa (OSZE), die Europäische Union (EU) und die Westeuropäische Union (WEU) leisten eigenständige Beiträge zur euro-atlantischen Sicherheit und Stabilität. [...] Die OSZE als regionale Abmachung ist diejenige Sicherheitsorganisation in Europa, die die meisten Staaten umfasst und auch Kanada und die Vereinigten Staaten einschließt; sie spielt eine wesentliche Rolle bei der Förderung von Frieden und Stabilität, der Erhöhung der kooperativen Sicherheit und der Förderung von Demokratie und Menschenrechten in Europa. [...]

Die Sicherheit des Bündnisses bleibt einem breiten Spektrum militärischer und nichtmilitärischer Risiken unterworfen, die aus vielen Richtungen kommen und oft schwer vorherzusagen sind. Zu diesen Risiken gehören Ungewissheit und Instabilität im und um den euro-atlantischen Raum sowie die mögliche Entstehung regionaler Krisen an der Peripherie des Bündnisses, die sich rasch entwickeln könnten. [...] Ethnische und religiöse Rivalitäten, Gebietsstreitigkeiten, unzureichende oder fehlgeschlagene Reformbemühungen, die Verletzung von Menschenrechten und die Auflösung von Staaten können zu lokaler und selbst regionaler Instabilität führen. Die daraus resultierenden Spannungen könnten zu Krisen führen, die die euro-atlantische Stabilität berühren sowie zu menschlichem Leid und bewaffneten Konflikten. [...]

Das Vorhandensein starker Nuklearstreitkräfte außerhalb des Bündnisses stellt ebenfalls einen bedeutsamen Faktor dar, dem das Bündnis Rechnung tragen muss, wenn Sicherheit und Stabilität im euro-atlantischen Raum aufrechterhalten werden sollen. Die Verbreitung nuklearer, biologischer und chemischer Waffen (ABC-Waffen) und ihrer Trägermittel gibt unverändert Anlass zu großer Sorge."

(Frankfurter Allgemeine Zeitung, 27.4.1999, S. 10)

M 10: Der Jurist Steffen Wirth zur Rolle der NATO im Kosovo-Konflikt (1999)

„Im Völkerrecht gilt das sogenannte Gewaltverbot, das in der UN-Charta (Artikel 2) geregelt ist und von dem es nur zwei Ausnahmen gibt. Die eine Ausnahme ist das Selbstverteidigungsrecht der Staaten, die andere liegt dann vor, wenn der UN-Sicherheitsrat den Einsatz von Waffengewalt ausdrücklich beschließt. Nach ganz überwiegender Ansicht in der Völkerrechtslehre und der Staatenwelt existieren über diese beiden Ausnahmen hinaus keine Rechtfertigungsgründe für bewaffnete Angriffe auf fremdes Territorium. Zwar ist mittlerweile anerkannt, dass Menschenrechtsverletzungen in dem Umfang, wie sie in Kosovo stattfinden, gegen zwingendes (humanitäres) Völkerrecht verstoßen. Es ist jedoch gerade der Inhalt des Gewaltverbots, dass es auch gegenüber einem Staat gilt, der sich völkerrechtswidrig verhält. Hintergrund dieser rigiden Regelung ist es, das völkerrechtliche Gewaltverbot nicht zur Disposition einzelner Staaten oder Staatengruppen zu stellen. Da im zwischenstaatlichen Bereich keine Instanz existiert, die im Streitfall verbindlich entscheidet – der Haager Internationale Gerichtshof kann nur tätig werden, wenn die beteiligten Staaten damit einverstanden sind –, würde die Entscheidung darüber, ob ein militärischer Eingriff erforderlich ist, immer beim jeweiligen Angreifer liegen. Es liegt auf der Hand, dass solche Rechtslage zum Missbrauch geradezu einlüde. Da die Nato also Gewalt im Sinn des Artikels 2 der UN-Charta einsetzt und kein Ausnahmetatbestand vorliegt, führt die Nato einen völkerrechtswidrigen Krieg. Es handelt sich sogar um einen geradezu klassischen Fall eines solchen völkerrechtlich verbotenen Kriegs. [...]

Erklärt man nun aber, dass humanitäre Einsätze eben doch eine dritte Ausnahme vom Gewaltverbot sind, dann könnte man mit einem Streich das Verdikt der Völkerrechtswidrigkeit beseitigen. Dann aber würden wir auch den größten Fortschritt, den das Kriegsrecht im 20. Jahrhundert gemacht hat, wieder aufgeben: die unmissverständliche Ächtung kriegerischer Gewalt durch den Briand-Kellogg-Pakt von 1928 und die UN-Charta von 1945. Wir würden zur Lehre des gerechten Kriegs zurückkehren, die von der Antike bis in die frühe Neuzeit hinein vertreten wurde und die schließlich zur Lehre vom freien Recht auf Krieg führte, da man erkannte, dass die Frage, welcher Krieg gerecht sei, von den beteiligten Parteien meist unterschiedlich beurteilt wird. Wenn wir das Gewaltverbot opfern, indem wir die Ausnahme der humanitären Intervention zulassen, hätten wir auch genau den Präzedenzfall geschaffen, den die Politik zu Recht so sehr fürchtet: Mit welchem Recht könnten die Nato-Staaten von anderen Staaten verlangen keine „humanitären" Kriege nach eigenem Gutdünken zu führen, wenn sie dieses Recht für sich selbst in Anspruch nehmen?"

(Frankfurter Rundschau, 7.4.1999)

M 11: Der Schweizer Völker- und Staatsrechtsexperte Daniel Thürer zur Rolle der NATO im Kosovo-Konflikt (1999)

„Das allgemeine Völkerrecht hat sich seit Inkrafttreten der UNO-Charta wesentlich weiterentwickelt. Es kennt zwingende Regeln („ius cogens"), wozu auch etwa das Genozidverbot, Verbrechen gegen die Menschlichkeit oder schwere Verletzungen des humanitären Völkerrechts zählen. Zwingendes Völkerrecht wirkt „erga omnes": das heißt, alle Glieder der Staatengemeinschaft sind verletzt, wenn zwingendes Völkerrecht nicht beachtet wird. Es handelt sich bei solchen Vorgängen um einen „international crime", der gegen alle Staaten gerichtet ist. Es hat sich ein fester, universal akzeptierter Kern einer rechtlichen Wertordnung der internationalen Gemeinschaft herausgebildet. Man spricht gelegentlich von einem „minimum world public order"; dieser könnte auch als „Verfassungskern" des internationalen Systems bezeichnet werden. Zur Überwachung der Einhaltung sind verschiedene Kontrollinstrumente im Rahmen der UNO, des Europarats, der OSZE und anderer internationaler Organisationen und in jüngster Zeit sogar internationale Straftribunale geschaffen worden.

Ist angesichts dieses fundamentalen Strukturwandels der Völkerrechtsordnung nicht anzunehmen, dass einzelne Staaten auch ohne formale Ermächtigung durch den Sicherheitsrat das Recht haben müssen, sich gegen gravierende Menschenrechtsverletzungen in einem anderen Staat mit allen erforderlichen Mitteln zur Wehr zu setzen? Hat die internationale Gemeinschaft heute nicht einen Integrationsgrad erreicht, in dem der Durchsetzung der materiellen Wertordnung gegenüber der bloßen Sicherung des Status quo erhöhtes Gewicht beizumessen ist? Eine rigide Interpretation der Satzung in dem Sinne jedenfalls, dass bei Untätigkeit des Sicherheitsrates die internationale Gemeinschaft dazu verurteilt ist, schwerwiegendste Verstöße gegen die Wertgrundlagen des internatioanlen Systems wie Massaker an der Zivilbevölkerung, Massenvertreibungen oder systematische Folterung hinzunehmen, erscheint heute nicht mehr als plausibel. Es ist angesichts des modernen Standes der Völkerrechtsentwicklung nicht mehr akzeptabel, dass ein staatliches Terrorregime ungeahndet Genozid, Verbrechen gegen die Menschlichkeit und gravierende Verletzungen des humanitären Völkerrechts begehen kann, wenn etwa ein befreundeter Veto-Staat den Sicherheitsrat am Eingreifen hindert. In einem beschränkten, genau zu definierenden Umfang sollte heute jedenfalls ein Recht zur „humanitären Intervention" bejaht werden. 1945 wurde Stabilität vor Gerechtigkeit geschützt. Dies ist heute nicht mehr im gleichen Ausmaß gerechtfertigt."

(Neue Zürcher Zeitung, 3.4.1999)

M 12: Der Schweizer Jurist Patrick Sutter (2002)

„Erschreckend an den jüngsten kriegerischen Auseinandersetzungen, zum Beispiel in Afghanistan und in Israel, ist die Tatsache, dass das humanitäre Völkerrecht seine Akzeptanz unter den Kriegesparteien und seine sich daraus ergebende Wirkung verloren zu haben scheint. Erwähnt seien nur die Aspekte der Behandlung von Kriegsgefangenen und des Schutzes der Zivilbevölkerung. [...] Mit der Abnahme der Gefahr, dass ein Staat (beispielsweise seine Soldaten oder seine Zivilbevölkerung) selber Opfer von Verletzungen des humanitären Völkerrechts werden könnte, sinkt auch seine Bereitschaft zur Einhaltung dieser Normen aus machtpolitischen, eigennützigen Gründen. Denn die weitgehend machtpolitische Orientierung der Akteure kann kaum bestritten werden. Führt ein Staat wie die USA Krieg gegen einen kaum staatlich institutionalisierten Gegner wie die Taliban, so besteht durch die in der Art der Kriegführung liegenden Gründe kaum eine Gefahr, dass amerikanische Soldaten durch die Taliban gefangen genommen werden. Deshalb ist der regulierende Faktor außer Kraft gesetzt: Aus einer Verletzung humanitären Völkerrechts können die USA militärstrategische Vorteile gewinnen, ohne dass sich gleichzeitig das Risiko erhöht, selbst Opfer solcher Verletzungen zu werden. [...]

Es bestehen keine Anzeichen dafür, dass sich die Konfliktstrukturen in nächster Zukunft wieder zurück in die „herkömmlichen" Konflikte zwischen zwei Staaten bewegen werden, für die das humanitäre Völkerrecht ursprünglich konzipiert wurde. Da dessen Anliegen selbstverständlich nichts an seiner Berechtigung verloren hat, sind das Internationale Komitee vom Roten Kreuz und die internationale Staatengemeinschaft gehalten, baldmöglichst Gegenfaktoren zu definieren, die die Interessen an der Einhaltung der normen wieder aufleben lassen. Sollte dies nicht möglich sein, so müsste das humanitäre Völkerrecht um seine Zukunft bangen – und mit ihm die Menschheit."

(Neue Zürcher Zeitung, 4.6.2002)

M 13: Der Soziologe Ulrich Beck schrieb vor Beginn des Irak-Krieges (2003)

„Zu der Zeit des Vietnam-Kriegs schallte es über den Atlantik nach Europa: Make love, not war. An der Schwelle zum Irak-Krieg ruft Europa zurück: Make law, not war. Präsident George W. Bush dagegen handelt nach der Parole: Make war, not law. [...]

Die USA verkünden eine neue „nationale" Sicherheitsstrategie, die nichts anderes ist als das Handbuch der amerikanischen Weltinnenpolitik, der Pax Americana, an das sich von nun an Feinde wie Freunde Amerikas zu halten haben. Dokumentierte das Kommunistische Manifest des 19. Jahrhunderts eine Revolution von unten, so kommt das national-kosmopolitische Manifest des Global America am Beginn des 21. Jahrhunderts einer regierungsamtlichen Revolution von oben nahe. Insofern entscheidet sich an dem drohenden Irak-Krieg viel mehr als das Schicksal eines mutmaßlichen potenziellen Massenmörders und seiner Anhängerschaft. Präsident Bush hat Recht: Ein militärischer Alleingang der USA würde mit der Herrschaftsstruktur des Irak zugleich das Institutionengefüge der Vereinten Nationen zerstören. Die Weltpolitik wird in diesem Fall sozusagen in den vorvertraglichen Zustand zurückgebombt.

Allerdings beruht die Bush-Doktrin auf einem gefährlichen Irrtum. Weder lassen sich die Werte der offenen Gesellschaft, der Freiheit und der Demokratie mit kriegerischen Mitteln in die Herzen und Hirne der Menschen einbrennen, noch schafft ein präventiver Militärschlag jene Sicherheit, die der amerikanische Präsident seinen Landsleuten und der Welt verspricht. [...]

Die Geschwindigkeit, mit der die Bush-Regierung die alten Kulissen der Weltpolitik abräumt und neue Dogmen an ihre Stelle setzt, hat etwas Umstürzlerisches. Paradoxe Folge ist eine Welle eines neuartigen proamerikanischen Anti-Amerikanismus, der die amerikanischen Werte, die in den Vereinten Nationen oder in der Sorge um die Menschenrechte ihren institutionellen Ausdruck gefunden haben, gegen den antiamerikanischen Bushismus verteidigt. So kritisiert der frühere Außenminister Henry Kissinger, der nun wirklich nicht im Verdacht der USA-Feindlichkeit steht: „Es kann weder im nationalen amerikanischen Interesse noch im Weltinteresse liegen, Prinzipien zu entwickeln, die jeder Nation ein unbegrenztes Recht auf einen Präventivschlag gegen selbst definierte Bedrohungen ihrer eigenen Sicherheit zusprechen." Was die US-Regierung sich herausnimmt, kann auch die indische Regierung gegen Pakistan (zur Bekämpfung des Terrors in Kaschmir) geltend machen oder die chinesische Regierung gegen Taiwan (um einer Unabhängigkeitserklärung zuvorzukommen) und so weiter.

Die Schöne Neue Welt der militärischen Sicherheit, die die Bush-Administration verspricht, stürzt die reale Welt in einen Abgrund von Gefahren, weil sie die Logik des Vertrages durch die Logik des Krieges ersetzt. [...] Der staatlich genährte Terrorismus mitsamt den Gefahren, die von chemischen, biologischen und atomaren Waffen ausgehen, eröffnet für die Bekämpfung immer zwei Wege: die Kriegsoption und die Vertragsoption, das heißt die praktische Stärkung internationaler Konventionen, um bei den massenmörderischen Waffen weiter abzurüsten. [...] Da es jedoch die USA strikt ablehnen, sich selbst den Abrüstungsnormen zu unterwerfen, die sie von allen anderen Staaten notfalls mit militärischer Gewalt einfordern, zerstören sie die vertragliche Sicherheitsarchitektur, die auch für amerikanische Bürger letztlich den einzigen Schutzschild darstellt."

(DER SPIEGEL 2/2003, S. 56ff.)

M 14: Der Schweizer Experte für Völker- und Staatsrecht Daniel Thürer (2003)

„Die Regeln über das Recht der Gewaltanwendung bilden ein Grundelement, ja eine der großen zivilisatorischen Errungenschaften des modernen Völkerrechts. Sie basieren auf der Auffassung, dass das Recht in Fragen der Gewaltanwendung nicht indifferent sein darf. Das klassische Völkerrecht kannte das „freie Recht zum Krieg" („liberum ius ad bellum"). Das heutige Völkerrecht enthält demgegenüber umfassende Prinzipien zur Gewalteindämmung und verlangt Rechtfertigung und Kontrolle. Es ist die Antwort auf die Schrecken des Zweiten Weltkriegs. Es entstand aus der Entschlossenheit der Völker, „künftige Geschlechter vor der Geißel des Krieges zu bewahren" (Präambel der Uno-Charta).

Grundtatbestand des Regelungssystems ist das Verbot der Androhung und Anwendung von Gewalt in den internationalen Beziehungen. Hiervon gibt es nach dem Text der Uno-Charta zwei Ausnahmen: das alte Recht der Staaten zur (individuellen und kollektiven) Selbstverteidigung gegen einen bewaffneten Angriff und das Recht des Sicherheitsrats, in Fällen einer Aggression, eines Bruchs des Friedens oder einer Bedrohung der internationalen Sicherheit Zwangsmaßnahmen, auch solche militärischer Natur, durchzuführen oder zumindest zu autorisieren. [...]

Zu den Kerngedanken des Systems der kollektiven Sicherheit gehört der Zwang zur Konsenssuche auf dem Verhandlungsweg. Die „go-it-alone-my-own-way"-Politik der Supermacht verträgt sich schlecht mit dem Geist des Völkerrechts. Die Prozeduren der kollektiven Entscheidungsfindung wurden gerade geschaffen, um nationale Interessen in den Werte- und Interessenhorizont der internationalen Gemeinschaft hineinzustellen. Macht soll vor dem Forum der Staaten und der Meinung der Weltöffentlichkeit verantwortet, legitimiert werden. [...]

Der Irak-Fall gehört in die Kategorie traditioneller Konflikte. Staaten als Systeme akkumulierter Macht – die demokratische Führungsmacht USA und ihre Verbündeten auf der einen Seite und die Despotie Saddam Husseins auf der anderen Seite – sie sind miteinander konfrontiert. Sie befinden sich vor dem Sicherheitsrat der Vereinten Nationen, der seine Lähmung aus der Zeit des Kalten Krieges überwunden hat und als modernes, transparentes, unideologisches und um sachliches „fact-finding" bemühtes Gremium vor einer Bewährungsprobe steht. Konflikte der Zukunft werden freilich oft eine andere Gestalt haben. Sie werden etwa einen asymmetrischen Charakter haben und mit anderen Mitteln geführt werden. Es werden weltweit neue Formen der Konfliktregelung geschaffen werden müssen, vielleicht von der Art, wie sie heute bereits in der EU bestehen."

(Neue Zürcher Zeitung, 8.2.2003)

M 15: Der Rechtswissenschaftler Karl M. Meessen (2003)

„Albtraum der Amerikaner ist eine mit chemischem, biologischem oder gar nuklearem Sprengkopf bestückte Rakete, die aus einer verfallenen Garage in der Bronx in das mit Zuschauern gefüllte Yankee-Stadion abgefeuert wird. Gegen derartige Gefahren des internationalen Terrorismus können die Vereinigten Staaten im eigenen Land auch mit der Ausübung von Gewalt verbundene Maßnahmen – freilich in den Grenzen der Rechtsstaatlichkeit – einsetzen. Im Ausland jedoch ist auch den Vereinigten Staaten nach Artikel 2 (4) der Uno-Charta jede „Androhung oder Anwendung von Gewalt" verboten. Als Ausnahmen zum allgemeinen Gewaltverbot sind bisher das Recht zur individuellen und kollektiven Selbstverteidigung, das Recht zur Anwendung von Maßnahmen im Rahmen des Systems kollektiver Sicherheit durch den Uno-Sicherheitsrat und das Recht zur humanitären Intervention anerkannt.
Zur Verhinderung weiterer ethnischer Säuberungen in Kosovo hatte die Nato das Recht zur humanitären Intervention in Anspruch genommen. Eine Entscheidung des Sicherheitsrats war, so musste man befürchten, wegen eines von Russland zu erwartenden Vetos nicht zu erlangen. Auch wenn das Ausmaß der Bombardierungen das Ziel überschritten haben könnte, so hat die Aktion vom Grundsatz her weitgehende Akzeptanz gefunden und kann – mangels Anhaltspunkts in der Uno-Charta – als werdendes Völkergewohnheitsrecht der humanitären Intervention gewertet werden. [...]
Zu diskutieren bleibt die allgemeine These, dass das Ende des Kalten Krieges dem Sicherheitsrat nun endlich erlaube, seine Rolle als Alleinverantwortlicher für den Weltfrieden wahrzunehmen. In der Charta hat diese Rolle allerdings keinen klaren Niederschlag gefunden. Sie könnte dem Sicherheitsrat jedoch gewohnheitsrechtlich zuwachsen und damit eine die souveräne Gleichheit der Staaten auf längere Sicht in Frage stellende Führungsrolle der USA entbehrlich machen. Daran, dass sich die Bilanz des Sicherheitsrats es seit Beginn der neunziger Jahre vorteilhaft von den vorangehenden Zeiten abhebt, besteht kein Zweifel. [...] Auf die Bekämpfung des internationalen Terrorismus bezogen wird man jedoch sagen können, dass kein Staat eine ständige Bedrohung durch Terroristen, denen A-, B- oder C-Waffen zugänglich gemacht werden, hinzunehmen braucht. Unter Überleben ist Leben in menschlicher Würde zu verstehen. Dies bedeutet, dass die Staaten dem Grunde nach berechtigt sind, die Wahrscheinlichkeit des Eintritts des eingangs aufgezeigten Horrorszenarios zu vermindern. Ob sie allerdings berechtigt sind, zu diesem Zweck unter Verletzung von Art. 2 (4) der Uno-Charta militärische Maßnahmen gegen einen ausländischen Staat zu ergreifen, ist eine Frage der Notwendigkeit und Verhältnismäßigkeit dieser Maßnahmen. [...]
Überhaupt wird man frühestens im Rückblick auf die derzeitige Auseinandersetzung sagen können, ob sich das hier umrissene werdende Völkergewohnheitsrecht zu geltendem Recht hat entwickeln können. Für heute ist festzuhalten, dass es nicht richtig wäre, ein Recht auf Selbstverteidigung gegen den internationalen Terrorismus pauschal und von vorneherein zu verneinen."

(Neue Zürcher Zeitung, 18.2.2003)

M 16: Der ungarische Schriftsteller György Konrád (2003)

„Wir, ehemalige Dissidenten Mitteleuropas, sind daran interessiert, dass es weniger Diktaturen auf der Erde gibt. Deshalb ist uns die aufgefrischte antiimperialistische Propaganda, deren Wortführer wie in den Zeiten des Kalten Krieges groteskes Verständnis für todbringende Diktaturen bezeigen, nicht sympathisch. Deshalb bringen wir dem irakischen Despoten in seinem Vorgehen gegen das eigene Land und die Völker an der Peripherie keine demonstrative Toleranz entgegen. [...]
Wenn 1999 der Einsatz von militärischer Gewalt statthaft gewesen ist – denn demonstriert haben die heutigen Friedensaktivisten damals nicht –, was hat sich dann seit 1999 geändert, dass jetzt gegen einen nahöstlichen Tyrannen keine militärische Gewalt angewendet werden darf? In Jugoslawien tobten ethnische Bürgerkriege und die Großmächte haben sich auf der Seite der einen kämpfenden Partei eingemischt. Auch damals wurde viel Geld in die Zerstörung gesteckt, wenig dagegen in den Wiederaufbau und in Hilfsaktionen. [...]
Wäre es nicht doch angebracht, die Souveränität von Staaten, von Regierungen, die für ihre eigene Bevölkerung und die Nachbarländer gefährlich sind, vorübergehend zu suspendieren? Gegebenenfalls sogar mit militärischem Druck? Ebenso wie die modernen nationalen Gesellschaften über professionelle bewaffnete Organisationen verfügen, so könnte auch die moderne internationale Gesellschaft solche einsetzen, wenn gefährliche Verbrecher in einem Land die totale Macht an sich gerissen haben. Die Ordnungsmächte müssen, wenn es notwendig und möglich ist, Leben und Freiheit der Bürger verteidigen. Wenn es irdische Gerechtigkeit gibt, dann werden die mordenden Diktatoren ihre alten Tage im Gefängnis verbringen. Polizisten werden für eine Stadt ebenso gebraucht wie für die Welt. Von einem Polizisten erwarten wir keine Rhetorik, sondern Sicherheit. Wenn es für die Waffen kein international kontrolliertes Monopol gibt, dann treiben provinzielle Kriegsherren ihr Unwesen."

(Frankfurter Allgemeine Zeitung, 27.2.2003, S. 29)

M 17: Die Philosophen Jacques Derrida und Jürgen Habermas (2003)

„In dieser Welt zahlt sich eine Zuspitzung der Politik auf die ebenso dumme wie kostspielige Alternative von Krieg und Frieden nicht aus. Europa muss sein Gewicht auf internationaler Ebene und im Rahmen der UN in die Waagschale werfen, um den hegemonialen Unilateralismus der Vereinigten Staaten auszubalancieren. Auf Weltwirtschaftsgipfeln und in den Institutionen der Welthandelsorganisation, der Weltbank und des Internationalen Währungsfonds sollte es seinen Einfluss bei der Gestaltung des Designs einer künftigen Weltinnenpolitik zur Geltung bringen. [...]
Das heutige Europa ist durch die Erfahrungen der totalitären Regime des zwanzigsten Jahrhunderts und durch den Holocaust – die Verfolgung und Vernichtung der europäischen Juden, in die das NS-Regime auch die Gesellschaften der eroberten Länder verstrickt hat – gezeichnet. Die selbstkritischen Auseinandersetzungen über diese Vergangenheit haben die moralischen Grundlagen der Politik in Erinnerung gerufen. [...] Eine bellizistische Vergangenheit hat einst alle europäischen Nationen in blutige Auseinandersetzungen verstrickt. Aus den Erfahrungen der militärischen und geistigen Mobilisierung gegeneinander haben sie nach dem Zweiten Weltkrieg die Konsequenz gezogen, neue supranationale Formen der Kooperation zu entwickeln. Die Erfolgsgeschichte der Europäischen Union hat die Europäer in der Überzeugung bestärkt, dass die Domestizierung staatlicher Gewaltausübung auch auf globaler Ebene eine gegenseitige Einschränkung souveräner Handlungsspielräume verlangt.
Jede der großen europäischen Nationen hat eine Blüte imperialer Machtentfaltung erlebt und, was in unserem

Kontext wichtiger ist, die Erfahrung des Verlusts eines Imperiums verarbeiten müssen. Diese Abstiegserfahrung verbindet sich in vielen Fällen mit dem Verlust von Kolonialreichen. Mit dem wachsenden Abstand von imperialer Herrschaft und Kolonialgeschichte haben die europäischen Mächte auch die Chance erhalten, eine reflexive Distanz zu sich einzunehmen. So konnten sie lernen, aus der Perspektive der Besiegten sich selbst in der zweifelhaften Rolle von Siegern wahrzunehmen, die für die Gewalt einer oktroyierten und entwurzelnden Modernisierung zur Rechenschaft gezogen werden. Das könnte die Abkehr vom Eurozentrismus befördert und die kantische Hoffnung auf eine Weltinnenpolitik beflügelt haben."

(Frankfurter Allgemeine Zeitung, 31.5.2003, S. 34)

M 18: Der amerikanische Historiker Harold James antwortet Derrida und Habermas (2003)

„Diese Haltung ist ein gutes Beispiel für das, was man das europäische Problem nennen kann. Die Europäer haben übertriebene Vorstellungen davon, was Politiker erreichen können, folglich sind sie immerzu enttäuscht, wenn die Politiker und die Politik ihren Erwartungen nicht entsprechen. Viele europäische Intellektuelle lassen sich von utopischen, idealisierten Vorstellungen leiten, indem sie es für möglich halten, der politische Wille reiche hin, Gesellschaften und ihre Bürger zu verbessern.
Praktische Innenpolitik befasst sich naturgemäß mit ganz anderen Themen. Ihr geht es darum, Gesetz und Ordnung aufrechtzuerhalten, die zum Überleben der Gesellschaft notwendig sind. Sie hat – im realen Europa der Gegenwart, wie in allen anderen Industriegesellschaften – auch die Aufgabe, viele potenzielle Einwanderer auszuschließen.
Die Innenpolitik so weit zu generalisieren, dass sie auf Weltniveau stattfindet, die universale Innenpolitik zu etablieren, wäre ziemlich schwierig. Gesetz und Ordnung? Rechtlosigkeit in der internationalen Sphäre und kollabierte Staaten stellen die Welt vor Probleme, die nur mittels dauernder militärischer Interventionen – von genau der Art, die Derrida und Habermas so vehement ablehnen – gelöst werden können. Die Europäer haben sich selbst schwer damit getan, mit dem Erbe von Kriegsverbrechen und Folter in ihren eigenen Ländern umzugehen. [...]
Obendrein gehen die Europäer, die während der letzten fünfzig Jahre einen nicht unbeträchtlichen Wohlstand erreicht haben, davon aus, es sei richtig, die Welt so zu belassen, wie sie ist – jede Veränderung sei schädlich. Das ist in der Tat ein sehr europäischer Blickwinkel. [...] Ein Europa, das denkt, es sei am Leben, weil es eine Alternative zu den Werten der Vereinigten Staaten anbietet, wird ein Europa sein, das die Werte zerstört, auf denen die moderne Gesellschaft insgesamt fußt, ein Europa, das zurückkehrt zu jener antikapitalistischen „Sehnsucht", die in der Vergangenheit bereits so viel Schaden angerichtet hat, nicht nur in Europa, sondern in der ganzen Welt."

(Süddeutsche Zeitung, 3.6.2003)

M 19: Ralph Peters, US-Offizier a.D. und Autor des Buchs "Beyond Terror: Strategy in a Changing World" (2003)

„Die Gesellschaften des „alten Europa" erinnern Amerikaner an die arabische Straße. Die Europäer halten sich lieber an tröstliche Illusionen als an harte Realitäten. Sie reden viel, tun wenig und machen die Vereinigten Staaten für ihre eigenen Missstände verantwortlich. [...]
Oh, wir wissen, wie ihr uns seht! Ihr sagt es uns ja ständig. Wir sind ungebildet, weil wir nicht sagen können, wann die Uraufführung des „Rheingolds" war. Wir sind herzlos, weil unsere Gesellschaft Chancen über Sicherheit stellt. Wir sind naiv, weil wir eure Vorurteile nicht teilen. Wir sind Kriegstreiber, weil wir immer noch glauben, dass ein paar Dinge es wert sind, verteidigt zu werden. Und jetzt sind wir Nazis, weil wir einen Diktator absetzen, der sein eigenes Volk und seine Nachbarn abgeschlachtet, Terroristen Unterschlupf gewährt und in den Besitz von Massenvernichtungswaffen zu gelangen versucht hat.
Natürlich kauft ihr weiterhin die Produkte unserer Kultur. Eure intelligentesten jungen Leute kommen zu uns, um hier zu arbeiten. Wir Amerikaner haben den Rassismus überwunden, der Deutschland und Frankreich zerfrisst (wir warten darauf, in Berlin einen türkisch-deutschen Colin Powell oder in Paris eine Condoleeza Rice senegalesischer Abstammung zu treffen). Wir teilen also gewiss nicht eure Vorurteile. Und nach den Ereignissen vom 11. September 2001 werden wir nicht warten, bis wir wieder angegriffen werden, sondern vorsorglich überall dort zuschlagen, wo wir das für notwendig halten – und das werden wir tun, ohne Europa noch einmal um Erlaubnis zu fragen. Nach europäischen Maßstäben sind wir also tatsächlich Kriegstreiber. [...]
Und Amerika ist noch nicht fertig. Wir werden nicht länger dem europäischen System folgen, wonach Diktatoren innerhalb der Grenzen ihres Landes tun und lassen dürfen, was sie wollen. Eure Forderung nach der Achtung nationaler Souveränität bedeutet nur, dass Hitler vollkommen akzeptabel gewesen wäre, wenn er nur nicht die Juden ermordet hätte. Und wir werden uns auch nicht mehr an die Traditionen von Königen und Kaisern halten, wonach Staatsoberhäupter vor persönlicher Bestrafung sicher sind, ganz gleich welche Verbrechen sie begehen. Wir werden die wirklich Schuldigen verfolgen, nicht die Massen. Und noch so laute Beschimpfung am Brandenburger Tor oder auf der Place de la Concorde werden uns davon nicht abhalten. Wir sind fertig mit eurer Lust, über vergangene Holocauste zu weinen, aber nicht bereit zu sein, neue Holocauste zu verhindern oder zu beenden. Srebrenica ist das europäische Modell. Bagdad ist unseres.
Präsident Bush ist ein Texaner, wie die Europäer nur zu gerne betonen. Aber die französischen und deutschen Geheimdienste haben den Charakter der Texaner offenbar nicht verstanden. Sie reden nicht kunstvoll daher, aber sie handeln entschlossen. Sie sind keine Relativisten. Texaner glauben, dass es einen Unterschied zwischen Gut und Böse gibt. Und wenn ein Texaner offen beleidigt und insgeheim hintergangen wird, nimmt er das nicht freundlich auf. Es ist nicht ratsam, einem Texaner öffentlich entgegenzutreten, sofern man nicht die Absicht – und die Mittel – hat, die Sache bis zum Ende durchzufechten. Den Texanern ist es sogar vollkommen egal, wo auf der Landkarte Europa liegt. Im Augenblick sind wir alle Texaner. Ihr habt uns keine Wahl gelassen."

(Frankfurter Allgemeine Zeitung, 15.5.2003, S. 31)

M 20: Der Soziologe Karl Otto Hondrich (2003)

„Nicht Rechts-, sondern Gewaltordnung ist die Grundlage von Gesellschaft. In der Weltgesellschaft baut nicht die Uno, sondern bauen die USA an diesem Fundament. Verteilung der Gewalt auf mehrere Pole, wenn sie denn möglich wäre, würde nicht mehr Frieden bringen, sondern weniger. Die gewaltige Macht Amerikas ist nicht das Problem. Sie ist die Lösung. Was aber ist das Problem?

Das Problem ist die Vielfalt und Streuung der Gewalt, weltweit. Es spitzt sich zu: Immer mehr Staaten, Banden, Terroristen, Fanatiker können sich vernichtende Waffen verschaffen und die Welt in Schrecken versetzen. Mit Recht und Verträgen ist dem nicht beizukommen. Und doch hat die Geschichte eine Lösung, im kleineren Rahmen, vorgemacht. Hier in Europa gab es Multipolarität, eine Art Gleichverteilung der Gewalt auf viele Herren. Sie führte zu fortwährenden Machtproben. Aus ihnen ging der moderne Staat als Monopolist der Gewalt hervor. Seine Hegemonie sichert den Frieden – allerdings nur nach innen.
Im Außenverhältnis der Staaten entsteht erneut Konkurrenz, nunmehr der nationalen Hegemonen, und damit erhöhte Gewaltgefahr. Das „Gleichgewicht der Kräfte", auf das die europäische Neuzeit von Metternich bis Bismarck so stolz war, hat Gewalt nur zeitweilig gebannt, um dann in umso größerer Gewalt zusammenzubrechen. Nur glücklichen Umständen ist es zuzuschreiben, dass das „Gleichgewicht des Schreckens" zwischen Nato und Warschauer Pakt nicht in einem Inferno mündete. Es verwandelte sich in die Vormacht der USA. [...]
Wie aller Macht sind auch der des Hegemonen Grenzen gesetzt. Von außen durch die Großmächte Russland, China, Indien; sie machen den USA nicht mehr, wie noch bis 1989, die Kontrolle über die weite Welt streitig, wohl aber über je eigene Einflusssphären. Allerdings sind diese, insbesondere für Russland, dramatisch geschrumpft; ganz Osteuropa ist zum Schutzpatron Nato übergelaufen, ja Russland selbst neigt, bedrängt von islamischem Terrorismus und der entfesselten Industriedynamik Chinas, de facto dem Nato-Gewaltkartell zu. [...] Auch der scheinbar weltweit agierende Hegemon kontrolliert nicht die Welt. In der Ferne macht er vor dem Einflussgebiet anderer Großmächte Halt. In der Nähe ist er mit der groben Keule seiner Vernichtungswaffen machtlos gegen Gewaltsticheleien und Terror am eigenen Körper, in Belfast, San Sebastián, New York. Seine hegemoniale Kontrollzone auf der Welt ist nicht mehr als eine Schneise mittlerer Reichweite. [...]
So stark ist das hegemoniale System bereits, dass es nach außen wie im Innern große Freiheiten lässt. Einen Feldzug des Hegemonen kann man mitmachen oder auch nicht. Auch ohne Parlament schafft sich das System eine Art außerparlamentarischer Opposition: Gerhard Schröders Deutschland und das Frankreich Jacques Chiracs – mit Habermas, Derrida und Rorty in der Hinterhand – sind die Apo für George W. Bushs Amerika. [...] Es ist zu befürchten, dass ihnen genau dies vorschwebt: Europa als ein Machtpol außerhalb der US-Hegemonie, der, im Verbund mit anderen Polen – Russland, China, Indien, Afrika? – Hegemonie aufheben soll. „Multipolarität" wäre nicht das erste Fortschrittsprojekt, das sich – siehe Sozialismus – als Rückschritt erweist. Wohl aber wäre es das törichteste und gefährlichste. Es würde zurückführen in neue Dimensionen von alten Gewaltkonkurrenzkämpfen, die wir hinter uns haben. Dank der US-Hegemonie."

(DER SPIEGEL, 25/2003 vom 16.6.2003, S. 58, 60)

M 21: Der Zeithistoriker Dan Diner (2003)

„Jahrzehntelang regulierte der Gegensatz der Supermächte schier alle Konflikte und garantierte durch ein Gleichgewicht des Schreckens so etwas wie eine Gleichheit in gleicher Sicherheit. Mit dem Untergang der Sowjetunion und der als Globalisierung gekennzeichneten weltweiten Durchsetzung des Weltmarktes als dem „Ausgreifen der bürgerlichen Gesellschaft über den Staat hinaus" (Marx) stellt sich so etwas ein wie eine Affinität der Formen zwischen transnationaler Vergesellschaftung und dem hegemonial sich durchsetzenden Prinzip „Amerika" als eben jener bürgerlichen Gesellschaft Staat – eine „imperiale Republik" (Raymond Aron).
Die global ausgreifenden Reaktionen der Vereinigten Staaten auf die Ereignisse des 11. September offenbarten die unzeitgemäßen Züge eines immer noch von Vorstellungen alteuropäischer Territorialität geprägten Völkerrechts. Um der Gewalt eines transterritorialen Terrorismus Einhalt zu gebieten – sprich: um vor allem Amerika sicher zu machen –, wurde die im amerikanischen Außenverhalten angelegte Doppeldeutigkeit von Isolationismus und Interventionismus aufgehoben. Amerika tritt auf als das, was es immer schon gewesen war: als ortloser Hegemon der Weltgesellschaft.
Sein unilateral verfügtes, internationalrechtlich als illegal und illegitim verworfenes militärisches Handeln habe – so die oft vorgetragene wohlfeile Behauptung – das Völkerrecht aus den Angeln gehoben. Aus den Angeln gehoben wurde aber ein längst ausgehöhltes Gehäuse internationalrechtlicher Institutionen von Handlungslegitimation, die – wie der Sicherheitsrat der Vereinten Nationen – der Konstellation des Zweiten Weltkriegs erwachsen waren und so eine alte Staatenordnung symbolisch verlängerten, die bereits vor fast sechzig Jahren militärisch widerlegt worden war."

(Süddeutsche Zeitung, 16.6.2003, S. 11)

M 22: Andrej Nikolajew, Vorsitzender des Verteidigungsausschusses der Staatsduma der Russischen Föderation in Moskau (2003)

„Wir können zwar von einem bestimmten Fortschritt bei der Abrüstung in letzter Zeit sprechen. Dieser Prozess bezog sich allerdings hauptsächlich auf die quantitative Aufstockung der Menschen vernichtenden Industrie, während der qualitative Wandel in der Entwicklung neuer Waffensysteme und insbesondere neuer Kriegspraktiken weitgehend unbeachtet blieb und sich einer kritischen Analyse entzog. Es gibt hochpräzise Waffen- und Rüstungssysteme, welchen neue physikalische Prinzipien zu Grunde liegen, sowie Weltraumwaffen, in denen sich die Spitzenleistungen der modernen Forschung verwirklichen. Die meisten unterliegen bislang weder rechtlichen noch moralischen Grenzen.
Es fällt aber schwer, heute von völkerrechtlichen Einschränkungen einer weiteren Runde des Wettrüstens zu sprechen, wenn zugleich das Völkerrecht an sich in Frage gestellt, ja von jenen Staaten revidiert zu werden scheint, die als Garant der internationalen Stabilität hätten auftreten sollen. Der Irak-Krieg hat uns allen vor Augen geführt, wie die Staaten, die als Stützen der internationalen Sicherheit angesehen werden und über ein gewaltiges Militärpotenzial verfügen, zu Hauptschuldigen an der Störung der Weltrechtsordnung und zu richtigen Aggressoren werden. Wenn eine Supermacht auf der globalen Ebene das Recht usurpiert, mit Gewalt internationale Beziehungen zu regeln, werden sich wohl Staaten von regionaler Rangordnung mit der Versuchung konfrontiert beziehungsweise gezwungen sehen, dem unseligen Beispiel zu folgen.
Die ratlose und durch Widersprüche gespaltene Weltgemeinschaft kann heute kaum etwas den amerikanischen Kriegsambitionen entgegensetzen. Daher beeilen sich die USA, ihre militärischen Vorteile zu realisieren. Ihr militaristisches Herangehen an viele Probleme von heute ist darauf zurückzuführen.[...] Die Schaffung des Raketenabwehrsystems, dessen Wirkungsbereich unvermeidlich

auch Russland und China erfassen würde, dürfte negative Reaktionen sowohl Moskaus als auch Pekings nach sich ziehen. Die Folge wird eine neue Runde der Aufstockung der Militärpotenziale in der Region sein."

(Süddeutsche Zeitung, 25.6.2003, S. 2)

M 23: Aus einem Artikel der Frankfurter Allgemeinen Sonntagszeitung (2003)

„Im Jahr 2003 wird Amerika mehr Geld für seine Streitkräfte ausgeben als die 15 hinter Amerika folgenden Armeen zusammen. Allein Amerika ist heute noch in der Lage, an jedem Ort der Welt Krieg zu führen, notfalls an mehreren zugleich. Zur militärischen Allmacht gesellt sich die wirtschaftliche Macht. Amerikas Wirtschaft ist doppelt so stark wie die Japans, und allein Kalifornien erwirtschaftet ein Bruttosozialprodukt, das größer ist als das Frankreichs und nur wenig kleiner als das britische. Technologisch haben die Vereinigten Staaten jeden nur denkbaren Rivalen weit hinter sich gelassen, und der Einfluss ihrer Kulturindustrie auf der ganzen Welt übersteigt den ihrer Atomraketen und Computernetze.
Amerika ist das neue Rom, ein amerikanisches Imperium, das die Welt nach seinen Vorstellungen ordnen möchte und immer weniger geneigt scheint, auf die Interessen, kulturellen Überlieferungen und historischen Traditionen anderer Rücksicht zu nehmen. Doch das ist der Punkt, an dem die alten Reflexe der Gleichgewichtspolitik wieder einsetzen. [...]
Die europäische Geschichte war vom Beginn der Neuzeit bis 1945 eine Auseinandersetzung zwischen den Prinzipien des Gleichgewichts und der Hegemonie. Ludwig Dehio hat geschildert, wie das Machtgleichgewicht auf der Apenninenhalbinsel in dem europäischen der Nationalstaaten seine Fortsetzung fand und wie die Versuche erst Karls V., dann Philipps II. und der Wiener Habsburger, später Frankreichs unter Ludwig XIV. und Napoleon und schließlich Deutschlands durch Wilhelm II. und Hitler eine Hegemonie über Europa zu errichten, von den Flügelmächten England, Amerika und Russland zunichte gemacht wurden. Um das Gleichgewicht in der alten Ordnung wiederherzustellen, rief Canning einst die neue Welt ins Leben, und ozeanische Weite auf der einen wie eurasische Landmacht auf der anderen Seite verhinderten immer von neuem die Einigung des Kontinents unter einer Hegemonialmacht.
Diese Ordnung der Dinge, so schien es den Beobachtern wenigstens, endete 1945 mit dem Sieg der Flügelmächte Amerika/England und Russland, als der alte Kontinent, ausgebrannt von Hitlers Abenteurertum, vom Subjekt zum Objekt der Weltgeschichte wurde. An die Stelle eines neuen Hegemonialversuchs durch eine europäische Macht trat der Wille Amerikas, den Westen des Kontinents in Abwehr eines russischen Übernahmeversuches zu einen. Inzwischen ist auch das Geschichte.
Russland ist aus dem Mächtespiel für eine historische Sekunde ausgeschieden und Amerika selbst die Macht geworden, deren militärische, wirtschaftliche und kulturelle Dominanz sich wie ein Alb auf die Welt legt, und deshalb erleben wir allen Klagen der Atlantiker zum Trotz einen weltpolitischen Gezeitenwechsel. „Das Spiel ist aus", hat George W. Bush dekretiert. Im Gegenteil: Es hat gerade wieder begonnen, nur die Mitspieler haben gewechselt."

(Frankfurter Allgemeine Sonntagszeitung, 16.03.2003, S. 11)

M 24: Der Jurist Jürgen Todenhöfer, CDU-Bundestagsabgeordneter bis 1987 und seitdem Manager (2003)

„Die Ächtung von Angriffskriegen war eine der wichtigsten zivilisatorischen Errungenschaften nach 1945. Ihretwegen hatte sich Robert Kennedy in der Kubakrise, als die Sowjetunion vor der Haustür der USA Atomraketen aufbaute, gegen Präventivschläge gestemmt – weil sie „allem widersprachen, wofür Amerika seit 175 Jahren steht". Einst galt Vegetius: Wenn du den Frieden willst, musst du den Krieg vorbereiten. Seit George W. Bush gilt: Wenn du den Frieden willst, musst du Krieg führen. [...]
Manche sehen im Afghanistan- und im Irakkrieg emotionale Reaktionen der USA auf den 11. September. Sie irren sich. Beide waren Teil einer sehr rationalen Strategie, die Paul Wolfowitz schon 1992 vorlegte. Deren erklärte Hauptziele waren die Verhinderung des Aufstiegs von Rivalen um die Weltherrschaft sowie die Neuordnung der Golfregion und die Sicherung der Rohstoffversorgung durch Präventivkriege.
Die Neokonservativen befürchteten eine Iranisierung Saudi-Arabiens; ihre brillantesten Köpfe wollten den taumelnden Erdölpartner Saudi-Arabien rechtzeitig durch den Irak ersetzen. Die große Stunde dieser Planer schlug allerdings am 11. September 2001. Sofort erkannten sie, dass dieser Tag bei allem Leid, das er gebracht hatte, auch die einmalige Chance bot, Angriffskriege künftig als Akt der Selbstverteidigung darzustellen und alte Pläne mit öffentlichem Rückenwind militärisch durchzusetzen. [...]
Niemand sollte George W. Bush unterschätzen: Er ist seit langem der erste amerikanische Präsident mit klarer geopolitischer Vision und Konsequenz, vielleicht der erste Imperator der USA – zumindest seit dem 11. September. Auch wer der Irreführung der Weltöffentlichkeit in der Frage der Massenvernichtungswaffen nicht zustimmt, könnte machiavellistisch fragen: Sind derartige Irreführungen neu?
Auch andere Staatsführer erfanden sich ihre Kriegsgründe: 1870 verfälschte Bismarck die "Emser Depesche" und trieb damit Napoleon III. in den Krieg; Präsident Johnson benutzte 1964 einen nie stattgefundenen nordvietnamesischen „Akt nackter Aggression" in der Tonkin-Bucht als Vorwand zur Bombardierung Hanois. Krieg war immer auch eine Schlacht der Lügen – und wir Deutschen waren darin Weltmeister.
Aber die USA des 21. Jahrhunderts sind etwas Besonderes: Sie sind der größte demokratische Rechtsstaat und die einzige globale Führungsmacht. Das verpflichtet. Es ist kein Antiamerikanismus, wenn man darauf kritisch hinweist. Anders als im Warschauer Pakt muss in einem Bündnis freier Staaten keiner nach der Pfeife des Stärksten tanzen. Die USA müssen in Gerechtigkeit mindestens so viel investieren wie in Waffen.
Wir Europäer könnten dabei als Freunde eine wichtige Rolle spielen."

(Süddeutsche Zeitung, 19./20. 7. 2003, S. III)

Weiterführende Literatur

Angermann, Erich (Hg.)
Die Vereinigten Staaten von Amerika als Weltmacht. Stuttgart 1987.

Atzerodt, Albin/Diemer, Gebhard/Franze, Manfred/von Schubert, Klaus,
Die Sicherheitspolitik der Bundesrepublik Deutschland im Rahmen des Ost-West-Konflikts. München 1988. (Arbeitsmaterialien für den Sozialkundeunterricht in der Kollegstufe, Band 4)

Auswärtiges Amt (Hg.),
Außenpolitik der Bundesrepublik Deutschland: Vom Kalten Krieg zum Frieden in Europa. Dokumente von 1949 - 1989. Stuttgart 1990.

Ballhausen, Hans-W.
Aufstieg und Zerfall der Sowjetunion. Stuttgart 1998.

Bernlochner, Ludwig
Die USA im 20. Jahrhundert. Stuttgart 1998.

Bodensieck, Heinrich
Der Kalte Krieg - Weltpolitik 1945 - 1962. Stuttgart 1971.

Czempiel, Ernst O./Carl-Christoph Schweitzer
Weltpolitik der USA nach 1945. Einführung und Dokumente. Bundeszentrale für politische Bildung, Schriftenreihe, Band 276, Bonn 1984. (Aktualisierte Neuausgabe 1989)

Czempiel, Ernst-O.
Weltpolitik im Umbruch. Das internationale System nach dem Ende des Ost-West-Konflikts. München 1993.

Fischer, Alexander
Sowjetische Außenpolitik seit 1945. Stuttgart 1985.

Görtemaker, Manfred/Wettig, Gerhard,
USA - UdSSR. Dokumente zur Sicherheitspolitik. Opladen 1987.

Golecki, Anton
Geschichte der USA. Bamberg 2000.

Hildermeier, M.
Geschichte der Sowjetunion 1917 - 1991. Entstehung und Niedergang des ersten sozialistischen Staates. München 1998.

Hoffmann, Martin/Osburg, Florian/Schützler, Horst
Aufstieg und Zerfall einer Weltmacht. Die Sowjetunion von 1917 bis 1991. Bamberg 1994.

Isaacs, J. u.a.
Der Kalte Krieg. Eine illustrierte Geschichte, 1945 - 1991. München 1999.

Junker, Detlev (Hrsg.)
Die USA und Deutschland im Zeitalter des Kalten Krieges 1945 - 1990. Ein Handbuch, 2 Bände, Stuttgart 2001.

Krieger, Herbert (Hg.)
Die Welt seit 1945, Teil 1 und 2. Materialien für den Geschichtsunterricht. Frankfurt/Main 1983 und 1987. (Handbuch des Geschichtsunterrichts, hrsg. v. W. Kleinknecht)

Krause, Helmut/Reif, Karlheinz
Die Welt seit 1945. München 1980. (= Geschichte in Quellen, Band VII, hrsg. v. Wolfgang Lautemann und Manfred Schlenke)

Loth, Wilfried
Die Teilung der Welt . Geschichte des Kalten Krieges 1941 - 1955. München 1980.

Meissner, Boris (Hg.)
Der Warschauer Pakt. Dokumentensammlung, Köln 1962.

Meyer, Hermann
USA - UdSSR. Entwicklung und Gegenwartsprobleme zweier Weltmächte. Hannover 1982.

Mögenburg, Harm
Russland im Umbruch. Zaristische Despotie, bolschewistische Diktatur, Demokratie-Versuche. Frankfurt/ Main 1992.

Moltmann, Günter
Die Vereinigten Staaten von Amerika von 1917 bis zur Gegenwart. Paderborn 1987.

Noack, Paul
Internationale Beziehungen. Quellen- und Arbeitsbuch für den Sekundarbereich II. München 1988.

Nolte, E.
Deutschland und der Kalte Krieg. Stuttgart 1985.

Schambeck, Herbert/Helmut Widder/Marcus Bergmann (Hg.)
Dokumente zur Geschichte der Vereinigten Staaten von Amerika. Berlin 1993.

Simon, Gerd und Nadja
Verfall und Untergang des sowjetischen Imperiums. München 1993.

Stöver, Bernd
Der Kalte Krieg. München 2003.

Thies, Jochen/Wolfgang Wagner (Hg.)
Das Ende der Teilung. Der Wandel in Deutschland und Osteuropa. Bonn 1990.

Voslensky, Michael S.
Das Geheime wird offenbar. Moskauer Archive erzählen, 1917 - 1991. München 1995.